Vocabulary LIVE

2
Advanced

Components & Features

DAY 02 🔊 MP3 ▶ Video

» give an **impression** of being **selfish**/**greedy** 이기적이라는/탐욕스럽다는 인상을 주다

025 **impression**
[impréʃən]
명 인상[느낌]
He tried to make a good **impression** on her.
그는 그녀에게 좋은 인상을 주려고 애썼다.
Plus+ · make an impression on ~에게 인상을 주다[심다]
impressive 형 인상적인   **impress** 동 깊은 인상을 주다, 감명을 주다

026 **selfish**
[sélfiʃ]
형 이기적인
The **selfish** boy didn't want to share his toys with his friends.
그 이기적인 소년은 친구들과 자신의 장난감들을 공유하기를 원치 않았다.

027 **greedy**
[grí:di]
형 탐욕스러운, 욕심 많은
She looked at the gold ring with **greedy** eyes.
그녀는 탐욕스러운 눈으로 그 금반지를 보았다.
greed 명 탐욕; 식탐

intend to **apply** to the **navy** 해군에 지원할 작정이다

028 **intend**
[inténd]
동 의도하다, 작정이다
He didn't **intend** to hurt anybody. 그는 어느 누구도 다치게 할 의도는 없었다.
intention 명 의도

029 **apply**
[əplái]
동 1 신청하다, 지원하다 ((for, to)) 2 적용되다 ((to))
How do I **apply** for a visa? 비자 신청은 어떻게 하나요?
This rule **applies** to everyone in the school. 이 규칙은 교내의 모두에게 적용된다.
application 명 지원[신청](서); 적용, 응용

Word Link
apply(신청하다) + 명사형 접미사 -(a)tion(행위, 성질, 상태) → application(신청서)

030 **application**
[æplɪkéiʃən]
명 1 지원[신청](서) 2 적용, 응용
You can fill in the **application** form online.
온라인으로 지원서를 작성할 수 있습니다.
apply 동 신청하다; 지원하다; 적용되다

031 **navy**
[néivi]
명 (the Navy) 해군
The **Navy** fights in the sea. 해군은 바다에서 싸운다.

다의어 3 » 다양한 뜻을 갖고 있는 어휘

630 **cast** [kæst]

Word Tip
'던지다(=throw)'라는 기본 의미를 가지고 있어요.

통 (cast-cast-cast) 던지다 ⊕ throw
2 [시선이나 미소를 던지다] (시선 등을) 보내다
3 [영화 등에서 특정 역할을 배우에게 던지다] 배역을 정하다[맡기다]

People **cast** their coins into the fountain. 사람들은 그 분수에 동전을 던진다.
She **cast** her eyes on the ocean. 그녀는 바다로 눈길을 보냈다.
They **cast** her as the queen in the movie.

10 put the pedal to the metal 차를 전속력으로 몰다

직역하면 '자동차의 페달(pedal)을 자동차의 금속(metal) 바닥까지 밟는다'라는 말이다. 자동차의 가속 페달을 바닥에 닿을 때까지 밟는다는 것은 곧, '차를 전속력으로 몬다'라는 뜻이 되는 것이다.

A Ugh, the **traffic** is terrible today.
B Yeah, it's testing my **patience**. Maybe we should put the **pedal** to the **metal** to get to the party faster.

---

01 영상으로 덩어리 표현과 주제어를 다시 한번 학습하는 **Video**
02 QR코드를 이용하여 학습할 단어의 발음 청취
03 암기 횟수를 표시할 수 있는 2회독 체크박스
04 단어의 주요 파생어 수록
05 3~5개의 단어들을 패턴으로 묶어 한번에 익히는 덩어리 표현
06 하루 24개 단어: 단어, 뜻, 예문, 유의어, 반의어, 참고 어휘 등 다양한 정보 수록
07 형태나 의미적으로 서로 연관된 단어를 함께 학습하는 **Word Link**
08 핵심 뜻만 알면 저절로 외워지는 다의어 암기 TIP 제공
09 어원을 비롯한 단어 암기에 도움을 주는 **Word Tip**
10 어원, 유래를 통해 의미를 유추하고 이해하는 관용표현 학습

교재에 사용된 기호

명 명사	부 부사	동 동의어	(-s) 복수형	[ ] 대체 가능 어구
대 대명사	접 접속사	유 유의어	(the ~) 단어 앞에 the가 함께 쓰임	( ) 생략 가능 어구, 보충 설명
동 동사	전 전치사	반 반의어	to-v to 부정사	(( )) 함께 쓰이는 전치사
형 형용사	감 감탄사		v-ing 동명사	

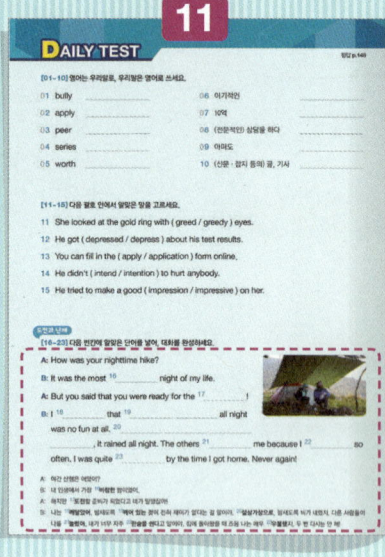
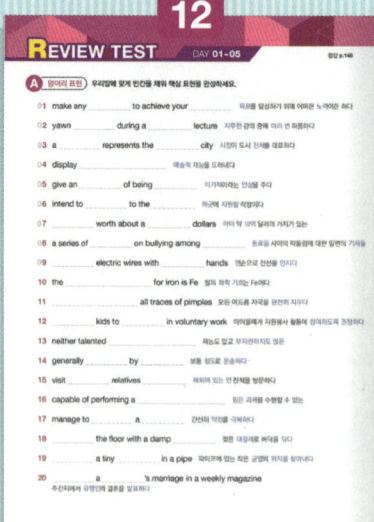

11 매일 암기한 어휘를 점검하고, 스토리로 주제별 어휘를 복습할 수 있는 **Daily Test**

12 5일간 학습한 단어 및 숙어를 점검하는 **Review Test**

13 10일간 학습한 단어 및 숙어를 점검하는 **Cumulative Test**

14 줄임말, 속어, 상표 이름의 유래 등 외국 현지의 영어 이야기들

★ 외국에서 가장 중요한 문화인 파티의 다양한 종류와 의미에 대해 알아보기

단어 암기를 돕는 온라인/오프라인 자료

복습용 워크북 (별책)

3가지 버전의 무료 MP3 파일

다양한 부가 자료

How to Study

Vocabulary LIVE 학습 TIP

1. 덩어리 표현으로 외우자!
자주 쓰이는 문형 속에 단어들을 심어서 말뭉치로 외우면 독해와 듣기 속도가 빨라져요.

2. 주제별로 외우자!
연관성이 높은 단어들끼리 묶어 학습함으로써 암기의 효율을 높일 수 있어요.

3. 다양한 뜻을 익히자!
다양한 뜻을 가진 다의어들은 핵심적인 뜻 하나로 다른 여러 가지 뜻을 유추할 수 있어요.

4. 유의어와 반의어를 익히자!
해당 어휘와 비슷한 말 또는 반대말을 함께 학습함으로써 어휘력을 확장할 수 있어요.

6주 완성 Study Plan

DAY별로 학습 여부를 체크하거나 학습 날짜를 적어 넣어 보세요.

	1일차	2일차	3일차	4일차	5일차	6일차	7일차
Week 1 어휘 학습	DAY 01	DAY 02	DAY 03	DAY 04	DAY 05	DAY 01~05 복습	
Week 2 어휘 학습	DAY 06	DAY 07	DAY 08	DAY 09	DAY 10	DAY 06~10 복습	
Week 3 어휘 학습	DAY 11	DAY 12	DAY 13	DAY 14	DAY 15	DAY 11~15 복습	
Week 4 어휘 학습	DAY 16	DAY 17	DAY 18	DAY 19	DAY 20	DAY 16~20 복습	
Week 5 어휘 학습	DAY 21	DAY 22	DAY 23	DAY 24	DAY 25	DAY 21~25 복습	
Week 6 어휘 학습	DAY 26	DAY 27	DAY 28	DAY 29	DAY 30	DAY 26~30 복습	

Contents

Part 1 고급 핵심 어휘

DAY 01	008
DAY 02	012
DAY 03	016
DAY 04	020
DAY 05	024
REVIEW TEST DAY 01~05	028
DAY 06	030
DAY 07	034
DAY 08	038
DAY 09	042
DAY 10	046
REVIEW TEST DAY 06~10	050
CUMULATIVE TEST DAY 01~10	052
Know More	053
DAY 11	054
DAY 12	058
DAY 13	062
DAY 14	066
DAY 15	070
REVIEW TEST DAY 11~15	074
DAY 16	076
DAY 17	080
DAY 18	084
DAY 19	088
DAY 20	092
REVIEW TEST DAY 16~20	096
CUMULATIVE TEST DAY 11~20	098
Know More	099
DAY 21	100
DAY 22	104
DAY 23	108
DAY 24	112
DAY 25	116
REVIEW TEST DAY 21~25	120
영어 이야기	122

Part 2 다양한 유형의 어휘

DAY 26~27 다의어	124
DAY 28 합성어	132
DAY 29~30 관용표현	136
REVIEW TEST DAY 26~30	144
CUMULATIVE TEST DAY 21~30	146
Know More	147
Answer Key	148
Index	154

Part 1

DAY 01~25

고급 핵심 어휘

DAY 01

>> make any **effort** to **achieve** your **aim** 목표를 달성하기 위해 어떠한 노력이든 하다

001 effort
[éfərt]

명 노력, 수고

He put a lot of **effort** into the project. 그는 그 프로젝트에 많은 노력을 들였다.
make an **effort** 노력하다, 애쓰다

Plus+ · put effort into ~에 노력을 들이다

002 achieve
[ətʃíːv]

동 달성하다, 성취하다 accomplish

She **achieved** very good exam results. 그녀는 매우 우수한 시험 결과를 성취했다.
achievement 명 업적, 성취

003 aim
[eim]

명 목적, 목표 동 1 목표하다 2 겨누다

The main **aim** of the course is to improve your vocabulary.
그 강좌의 주요 목적은 어휘를 향상시키는 것이다.
aim high 목표를 높이 세우다
He **aimed** his gun at the target. 그는 자신의 총을 그 표적에 겨눴다.

>> **yawn repeatedly** during a **dull lecture** 지루한 강의 중에 여러 번 하품하다

004 yawn
[jɔːn]

동 하품하다 명 하품

He can't stop **yawning** – he must be tired.
그는 하품을 멈출 수가 없다. 그는 피곤한 게 틀림없다.

005 repeatedly
[ripíːtidli]

부 되풀이하여, 여러 차례

He **repeatedly** failed the exam. 그는 계속해서 그 시험에 떨어졌다.
repeat 동 (말이나 어떤 일을) 반복하다, 되풀이하다   repeated 형 반복[되풀이]되는

006 dull
[dʌl]

형 따분한, 재미없는 boring interesting

The last part of the movie was pretty **dull**. 그 영화의 마지막 부분은 꽤 따분했다.
a **dull** speech 재미없는 연설

007 lecture
[léktʃər]

명 강의, 강연

He gave an interesting **lecture** on modern art.
그는 현대 미술에 대한 흥미로운 강의를 했다.

» a **mayor** **represents** the **whole** city 시장이 도시 전체를 대표하다

008 mayor
[méiər]

명 시장(市長)

The **mayor** of the big city wants to make the city safer.
그 대도시의 시장은 도시를 더 안전하게 만들기를 원한다.

009 represent
[rèprizént]

동 1 대표하다 2 나타내다, 상징하다

He was chosen to **represent** his class in an art contest.
그는 미술 대회에서 그의 반 대표로 뽑혔다.

The dove **represents** peace. 비둘기는 평화를 상징한다.

representative 명 대표자 형 대표적인

010 whole
[houl]

형 전체의, 모든 유 entire 명 전체

After the soccer practice, my **whole** body ached.
축구 연습 후, 내 몸 전체가 쑤셨다.

» **display artistic abilities/talent** 예술적 능력을/재능을 드러내다

011 display
[displéi]

동 1 전시[진열]하다 유 exhibit 2 드러내다 명 전시, 진열

He plans to **display** his painting at the art gallery.
그는 그 미술관에서 자신의 그림을 전시할 계획이다.

He never **displays** his emotions. 그는 절대 자신의 감정을 드러내지 않는다.

012 artistic
[ɑːrtístik]

형 예술의, 예술적인

This picture has a high **artistic** value. 이 그림은 예술적 가치가 높다.

art 명 미술, 예술; 미술품   artist 명 화가, 예술가

013 ability
[əbíləti]

명 (~) 할 수 있음, 능력 반 inability

Bats have the **ability** to see in the dark. 박쥐는 어둠 속에서 볼 수 있다.

able 형 ~할 수 있는; 능력 있는, 유능한

014 talent
[tǽlənt]

명 재주, (타고난) 재능

She has a **talent** for acting. 그녀는 연기에 재능이 있다.

talented 형 (타고난) 재능이 있는

015 born
[bɔːrn]

동 (be born) 태어나다 형 타고난, 천부적인

He was **born** in 1990. 그는 1990년에 태어났다.

a **born** musician/leader 타고난 음악가/지도자

Word Link
born은 태어날 때부터 얻은 재능을 말하는 것으로, 모차르트 같은 천부적인 음악가를 a born musician이라고 해요.

주제 ▶ 인류와 역사

016 dynasty [dáinəsti]
명 왕조, 왕가
For nearly 4,000 years, many different **dynasties** ruled China.
거의 4,000년 동안, 수많은 다른 왕조들이 중국을 지배했다.

017 empire [émpaiər]
명 제국
The Roman **Empire** slowly lost its power. 로마 제국은 서서히 힘을 잃었다.

018 origin [ɔ́(:)rədʒin]
명 기원, 유래
The **origin** of the universe is still a mystery. 우주의 기원은 여전히 미스터리이다.
the **origin** of the word 그 단어의 유래
original 형 원래의; 원본의; 독창적인

019 tribe [tráib]
명 부족, 종족
How many Native American **tribes** live in the United States?
미국에는 얼마나 많은 미국 원주민 부족들이 사나요?

020 tragedy [trǽdʒədi]
명 비극(적인 사건)
The Second World War was the worst **tragedy** in human history.
제2차 세계 대전은 인류 역사에서 가장 끔찍한 비극이었다.
tragic 형 비극적인

021 unexpected [ʌnikspéktid]
형 예기치 않은, 뜻밖의
History is full of **unexpected** events. 역사는 예기치 않은 사건들로 가득하다.
an **unexpected** result 뜻밖의 결과
unexpectedly 부 예기치 않게

022 folk [fóuk]
명 (-s) (세상) 사람들 ⓤ people 형 민간의; 민속의
At that time, some **folks** believed that the earth was flat.
그 당시, 일부 사람들은 지구가 평평하다고 믿었다.
Garlic is used in some **folk** medicine. 마늘은 일부 민간 의료에서 사용된다.
folk culture 민속 문화

023 date back to
~로 거슬러 올라가다
The history of basketball **dates back to** the winter of 1891.
농구의 역사는 1891년의 겨울로 거슬러 올라간다.

024 break out
(전쟁·화재 등이) 발발[발생]하다
The Second World War **broke out** in 1939. 제2차 세계대전은 1939년에 발발했다.

DAILY TEST

정답 p.148

[01~08] 다음 우리말과 같은 뜻이 되도록 빈칸에 알맞은 단어를 쓰세요.

01 목표를 높이 세우다 _____ high
02 노력하다, 애쓰다 make an _____
03 재미없는 연설 a _____ speech
04 대도시의 시장(市長) the _____ of the big city
05 타고난 음악가 a _____ musician
06 그의 그림을 전시하다 _____ his painting
07 흥미로운 강의 an interesting _____
08 연기에 재능이 있다 have a _____ for acting

[09-11] 다음 괄호 안의 단어를 문맥에 맞게 알맞은 형태로 바꾸어 빈칸에 쓰세요.

09 He _____ failed the exam. (repeat)
10 This picture has a high _____ value. (art)
11 Bats have the _____ to see in the dark. (able)

인류와 역사

[12~18] 다음 빈칸에 알맞은 단어를 넣어, 이야기를 완성하세요.

I've been tracing my family tree. I found that I'm from an ancient Scottish 12_____. Our family 13_____ to the seventeenth century. The 14_____ of our 15_____ go back even further, to Roman times. Some of my MacDonald *ancestors died when fighting 16_____ in Glencoe. Many ordinary 17_____ were killed. This 18_____ has never been forgotten.

*ancestor: 조상

나는 나의 가계도를 추적해 왔다. 나는 내가 고대 스코틀랜드 12**왕조** 출신이라는 것을 알게 되었다. 우리 가족의 역사는 17세기로 13**거슬러 올라간다**. 우리 15**부족**의 14**기원들**은 훨씬 더 멀리, 로마 시대로 거슬러 올라간다. 나의 맥도널드 조상들 중 일부는 글렌코에서 전투가 16**발발했**을 때 사망했다. 많은 평범한 17**사람들**이 죽었다. 이 18**비극**은 절대 잊지 않았다.

[참고] 글렌코((스코틀랜드 서부의 하이랜드 주(州)에 있는 산골짜기로, 1692년 잉글랜드 왕 윌리엄 3세에 대한 불충죄로 맥도널드 가문이 오랜 적인 캠벨 가문에게 학살된 곳))

DAY 02

>> give an **impression** of being **selfish**/**greedy** 이기적이라는/탐욕스럽다는 인상을 주다

025 impression
[impréʃən]
명 인상[느낌]
He tried to make a good **impression** on her.
그는 그녀에게 좋은 인상을 주려고 애썼다.
Plus+ · make an impression on ~에게 인상을 주다[심다]
impressive 형 인상적인   impress 동 깊은 인상을 주다, 감명을 주다

026 selfish
[sélfiʃ]
형 이기적인
The **selfish** boy didn't want to share his toys with his friends.
그 이기적인 소년은 친구들과 자신의 장난감들을 공유하기를 원치 않았다.

027 greedy
[gríːdi]
형 탐욕스러운, 욕심 많은
She looked at the gold ring with **greedy** eyes.
그녀는 탐욕스러운 눈으로 그 금반지를 보았다.
greed 명 탐욕; 식탐

>> **intend** to **apply** to the **navy** 해군에 지원할 작정이다

028 intend
[inténd]
동 의도하다, 작정이다
He didn't **intend** to hurt anybody. 그는 어느 누구도 다치게 할 의도는 없었다.
intention 명 의도

029 apply
[əplái]
동 1 신청하다, 지원하다 ((for, to)) 2 적용되다 ((to))
How do I **apply** for a visa? 비자 신청은 어떻게 하나요?
This rule **applies** to everyone in the school. 이 규칙은 교내의 모두에게 적용된다.
application 명 지원[신청](서); 적용, 응용

030 application
[æpləkéiʃən]
명 1 지원[신청](서) 2 적용, 응용
You can fill in the **application** form online.
온라인으로 지원서를 작성할 수 있습니다.
apply 동 신청하다; 지원하다; 적용되다

Word Link
apply(신청하다) + 명사형 접미사 -(a)tion(행위, 성질, 상태) → application(신청서)

031 navy
[néivi]
명 (the Navy) 해군
The **Navy** fights in the sea. 해군은 바다에서 싸운다.

probably worth about a billion dollars 아마 약 10억 달러의 가치가 있는

032 probably [prábəbli]
부 아마도
It will **probably** rain tomorrow. 아마도 내일 비가 올 것이다.

033 worth [wəːrθ]
형 ~할 가치가 있는 명 1 (얼마)어치 ((of)) 2 가치, 값어치 ⊕ value
The museum is **worth** a visit. 그 박물관은 방문해 볼 만하다.
a week's **worth** of food 일주일 치의 음식

034 billion [bíljən]
명 10억
The population of China is over one **billion**. 중국의 인구는 10억이 넘는다.
참고 **billions of** 수십억의

a series of articles on bullying among peers 동료들 사이의 따돌림에 대한 일련의 기사들

035 series [síəriːz]
명 1 연속 2 시리즈, 연속물
He had a **series** of leg injuries. 그는 연이어 다리 부상을 당했다.
a new comedy **series** 새로운 코미디 시리즈
Plus+ · a series of 일련의, 연이은

036 article [áːrtikl]
명 (신문·잡지 등의) 글, 기사
I read an **article** on environmental issues in a magazine.
나는 잡지에서 환경 문제들에 관한 기사를 읽었다.

037 bully [búli]
명 괴롭히는 사람, 불량배 동 괴롭히다[왕따시키다]
The school **bully** always steals my lunch money.
그 학교 불량배는 항상 내 점심값을 뺏는다.
The girl is being **bullied** at school.
그 소녀는 학교에서 괴롭힘을 당하고 있다.

038 counsel [káunsəl]
동 (전문적인) 상담을 하다
He **counsels** many middle-school students. 그는 많은 중학생들에게 상담을 해준다.
counselor 명 상담사

Word Link
교내 '괴롭힘[왕따](bullying)' 예방을 위해 '상담(counseling)'이 필요해요.

039 peer [piər]
명 또래, 동료
They say Korean children do better in math than their **peers** in America. 그들은 한국 아이들이 그들 또래의 미국 아이들보다 수학에서 더 잘한다고 말한다.

주제 | 도전과 난제

040 challenge [tʃǽlindʒ]
명 도전, 난제 동 1 도전하다 2 이의를 제기하다
Climate change is a **challenge** for the whole world.
기후 변화는 전 세계의 난제이다.
He **challenged** me to a game of golf.
그는 골프 게임 한판 하자고 내게 도전해 왔다.
challenging 형 능력을 시험하는, 도전적인

041 miserable [mízərəbl]
형 비참한, 불행한
They live in **miserable** housing conditions. 그들은 비참한 주거 환경 속에서 산다.
misery 명 비참, 처량함

042 depressed [diprést]
형 우울한, 의기소침한
He got **depressed** about his test results.
그는 자신의 시험 결과에 대해 의기소침해졌다.
depress 동 우울하게 하다

043 realize [ríːəlàiz]
동 깨닫다, 알아차리다
People don't **realize** that they are breathing dirty air.
사람들은 자신들이 더러운 공기를 마시고 있다는 것을 깨닫지 못한다.
realization 명 깨달음, 인식

044 shame [ʃeim]
명 1 수치심, 부끄러움 2 애석한 일
I felt **shame** after failing the test. 나는 시험에 떨어진 후 수치심을 느꼈다.
It's a **shame** that you lost the game. 네가 그 게임을 졌다는 것은 애석한 일이다.

045 sigh [sai]
동 한숨을 쉬다 명 한숨
They **sighed** when their teacher gave them more homework.
그들은 선생님이 더 많은 숙제를 내주었을 때 한숨을 쉬었다.

046 tease [tiːz]
동 놀리다; 괴롭히다
They **tease** me about my hair. 그들은 내 머리 모양에 대해 나를 놀린다.

047 stay up
(늦게까지) 안 자다[깨어 있다]
He **stayed up** all night for work. 그는 일 때문에 밤새 깨어 있었다[밤을 샜다].

048 to make matters worse
설상가상으로, 엎친 데 덮친 격으로
We got lost in the forest and **to make matters worse**, it started to rain. 우리는 숲에서 길을 잃었고 설상가상으로 비가 내리기 시작했다.

DAILY TEST

정답 p.148

[01~10] 영어는 우리말로, 우리말은 영어로 쓰세요.

01 bully _____
02 apply _____
03 peer _____
04 series _____
05 worth _____
06 이기적인 _____
07 10억 _____
08 (전문적인) 상담을 하다 _____
09 아마도 _____
10 (신문·잡지 등의) 글, 기사 _____

[11~15] 다음 괄호 안에서 알맞은 말을 고르세요.

11 She looked at the gold ring with (greed / greedy) eyes.
12 He got (depressed / depress) about his test results.
13 You can fill in the (apply / application) form online.
14 He didn't (intend / intention) to hurt anybody.
15 He tried to make a good (impression / impressive) on her.

도전과 난제

[16~23] 다음 빈칸에 알맞은 단어를 넣어, 대화를 완성하세요.

A: How was your nighttime hike?
B: It was the most ¹⁶_____ night of my life.
A: But you said that you were ready for the ¹⁷_____!
B: I ¹⁸_____ that ¹⁹_____ _____ all night was no fun at all. ²⁰_____ _____ _____, it rained all night. The others ²¹_____ me because I ²²_____ so often. I was quite ²³_____ by the time I got home. Never again!

A: 야간 산행은 어땠어?
B: 내 인생에서 가장 ¹⁶비참한 밤이었어.
A: 하지만 ¹⁷도전할 준비가 되었다고 네가 말했잖아!
B: 나는 ¹⁸깨달았어, 밤새도록 ¹⁹깨어 있는 것이 전혀 재미가 없다는 걸 말이야. ²⁰설상가상으로, 밤새도록 비가 내렸지. 다른 사람들이 나를 ²¹놀렸어, 내가 너무 자주 ²²한숨을 쉰다고 말이야. 집에 돌아왔을 때 즈음 나는 매우 ²³우울했지. 두 번 다시는 안 해!

DAY 03

>> **handle** electric **wires** with **bare** hands 맨손으로 전선을 만지다

049 handle [hǽndl]
- 동 1 다루다[처리하다] (= deal with) 2 (손으로) 만지다 명 손잡이
- He knows how to **handle** stress. 그는 스트레스를 다루는 방법을 안다.
- Wash your hands before **handling** food. 음식을 만지기 전에는 손을 씻어라.
- the **handle** of my cup 내 컵의 손잡이

050 wire [waiər]
- 명 1 철사 2 전선
- The fence is made of **wire**. 그 울타리는 철사로 만들어져 있다.
- Someone cut the telephone **wire**. 누군가 전화선을 잘랐다.

051 bare [bɛər]
- 형 벌거벗은, 맨-
- She walked along the beach in **bare** feet. 그녀는 맨발로 해변을 따라 걸었다.

>> the **chemical symbol** for **iron** is Fe 철의 화학 기호는 Fe이다

052 chemical [kémikəl]
- 형 화학의; 화학적인   명 (-s) 화학 물질[제품]
- There is a **chemical** laboratory in the school. 그 학교에는 화학 실험실이 있다.
- a **chemical** reaction 화학적 반응
- Farmers use **chemicals** to kill insects.
  농부들은 벌레를 죽이기 위해 화학 제품을 사용한다.

053 chemistry [kéməstri]
- 명 화학
- To make a new medicine, you need to understand **chemistry**.
  신약을 만들기 위해서, 너는 화학을 이해할 필요가 있다.

> **Word Link**
> chemical, chemistry처럼 chem-의 어근을 포함하는 단어는 '화학'이라는 의미를 내포해요.

054 symbol [símbəl]
- 명 1 상징(물) 2 기호, 부호
- The heart shape is the **symbol** of love. 하트 모양은 사랑의 상징이다.
- The plus **symbol** (+) is used in math. 더하기 기호(+)는 수학에서 사용된다.
- **symbolize** 동 상징하다   **symbolic** 형 상징적인, 상징하는

055 iron [áiərn]
- 명 1 철, 쇠 2 다리미
- The house has a heavy **iron** gate.
  그 집에는 무거운 철문이 있다.
- a steam **iron** 스팀 다리미

›› completely erase all traces of pimples 모든 여드름 자국을 완전히 지우다

056 completely [kəmplíːtli]

부 완전히, 전적으로 유 totally

I **completely** forgot that it's her birthday today.
나는 오늘이 그녀의 생일이라는 것을 완전히 잊어버렸다.

complete 형 빠진 것이 없는, 완전한 동 완료하다; 완전하게 만들다

057 erase [iréis]

동 (완전히) 지우다[없애다] 유 remove

Several important files were **erased** by accident.
몇 개의 중요한 파일이 실수로 지워졌다.

eraser 명 지우개

058 trace [treis]

동 추적하다, 찾아내다 명 자취, 흔적

The police are **tracing** the missing child. 경찰은 그 실종된 아이를 추적 중이다.

059 pimple [pímpl]

명 뾰루지, 여드름

He has a large **pimple** on his nose. 그는 코에 큰 뾰루지가 있다.

›› encourage kids to participate in voluntary work 아이들에게 자원봉사 활동에 참여하도록 권장하다

060 encourage [inkə́ːridʒ]

동 1 격려하다 반 discourage 2 장려[권장]하다 반 discourage

My parents always **encourage** and support me.
우리 부모님은 늘 나를 격려하고 지지한다.

061 participate [paːrtísəpèit]

동 참여[참가]하다 ((in)) 유 take part

The girl actively **participates** in classroom activities.
그 소녀는 교실 활동에 적극적으로 참여한다.

participation 명 참가 participant 명 참가자

062 voluntary [váləntèri]

형 1 자발적인 2 자원봉사로 하는

His decision to leave the company was completely **voluntary**.
그 회사를 떠나기로 한 그의 결정은 전적으로 자발적이었다.

volunteer 명 지원자, 자원봉사자 동 자원하다, 자원봉사하다

063 shelter [ʃéltər]

명 피난처, 보호소
동 피난처를 제공하다, 보호하다

The trees gave **shelter** from the rain.
나무는 비로부터 피할 곳을 제공해 주었다.

> **Word Link**
> '동물 보호소(animal shelter)'에서 '봉사 활동(voluntary work)'을 해요.

주제: 건물과 건축

064 addition [ədíʃən]
명 1 추가, 부가 2 추가된 것; 증축
Many students welcomed the **addition** of a swimming pool to the gym.
많은 학생들이 그 체육관에 수영장의 추가를 환영했다.
build a new **addition** to a house
주택에 증축을 하다

065 aisle [ail]
명 통로
The **aisles** are narrow in small grocery stores.
작은 식료품점에 있는 통로들은 좁다.

066 base [beis]
명 1 맨 아래 부분 ㉤ bottom 2 기초[토대]
There is a door at the **base** of the stairs. 계단 맨 아래 부분에 문이 있다.
the **base** of a building 건물의 기초

067 grand [grænd]
형 웅장한; 호화로운 ㉠ humble
The palace is very **grand**. 그 궁전은 매우 웅장하다.
in **grand** style 호화롭게, 사치스럽게

068 lighting [láitiŋ]
명 조명
The **lighting** in the living room is too bright. 거실에 있는 조명이 너무 밝다.
natural **lighting** 자연 조명

069 frame [freim]
명 1 틀, 액자 2 뼈대
She painted the window **frames** white. 그녀는 그 창틀들을 하얀색으로 칠했다.
build the **frame** of a building 건물의 뼈대를 세우다

070 peel [pi:l]
동 1 벗겨지다 2 (~의) 껍질을 벗기다
The paper is **peeling** from the wall. 종이가 벽에서 벗겨지고 있다.
peel a banana/an orange 바나나/오렌지 껍질을 벗기다

071 turn ~ into ...
~을 …으로 바꿔 놓다, ~에서 …이 되게 하다
They **turned** the old train station **into** an art museum.
그들은 그 오래된 기차역을 미술관으로 바꿔 놓았다.

072 on average
평균적으로; 대체로
It takes two years to build a house **on average**.
집을 짓는 데 평균적으로 2년이 걸린다.

DAILY TEST

정답 p.148

[01~07] 다음 우리말과 같은 뜻이 되도록 빈칸에 알맞은 단어를 쓰세요.

01 화학적 반응　　　　　　　　a _____ reaction
02 사랑의 상징　　　　　　　　the _____ of love
03 전화선을 자르다　　　　　　cut the telephone _____
04 스팀 다리미　　　　　　　　a steam _____
05 건물의 뼈대를 세우다　　　　build the _____ of a building
06 큰 뾰루지　　　　　　　　　a large _____
07 비로부터 피할 곳을 제공하다　give _____ from the rain

[08-11] 다음 밑줄 친 부분과 바꿔 쓸 수 있는 알맞은 표현을 골라 연결하세요.

08 The girl actively <u>participates</u> in classroom activities. •　　　• ⓐ bottom

09 There is a door at the <u>base</u> of the stairs. •　　　• ⓑ deal with

10 He knows how to <u>handle</u> stress. •　　　• ⓒ totally

11 I <u>completely</u> forgot that it's her birthday today. •　　　• ⓓ takes part

건물과 건축

[12~19] 다음 빈칸에 알맞은 단어를 넣어, 이야기를 완성하세요.

"Wonderful!" cried the TV architect. "This old church has been ¹² _____ _____ a beautiful home. The ¹³ _____ window ¹⁴ _____ and broken roof tiles are gone. The central ¹⁵ _____ is now a ¹⁶ _____ dining room with modern ¹⁷ _____ above. The ¹⁸ _____ of a second floor is amazing. ¹⁹ _____ _____, new buildings like this cost around $1,000,000."

"훌륭해요!" 텔레비전 건축가가 외쳤다. "이 오래된 교회가 아름다운 집으로 ¹²바뀌었습니다. ¹³벗겨지고 있는 창문의 ¹⁴틀들과 부서진 기와도 없어졌습니다. 중앙 ¹⁵통로는 이제 ¹⁶웅장한 식당이 되었는데, 위에 현대적인 ¹⁷조명이 있습니다. 2층의 ¹⁸추가는 놀랍습니다. ¹⁹평균적으로, 이와 같은 새 건물들은 약 100만 달러의 비용이 듭니다."

DAY 04

» **neither talented nor diligent** 재능도 없고 부지런하지도 않은

073 talented [tǽləntid]
형 (타고난) 재능이 있는
Even **talented** singers must practice to improve.
심지어 재능 있는 가수들도 향상하기 위해서 연습을 해야 한다.
talent 명 재주, (타고난) 재능

074 nor [nɔː(r)]
접 ~도 (또한) 아니다[없다]
The little boy can neither read **nor** write.
그 어린 소년은 글을 읽을 수도 글자를 쓸 수도 없다.
Plus+ · neither A nor B A도 B도 아닌

075 diligent [dílədʒənt]
형 성실한, 부지런한 반 lazy
The man is very **diligent** in his work. 그 남자는 자신의 일에 성실하다.

» **generally transport by rail** 보통 철도로 운송하다

076 generally [dʒénərəli]
부 1 일반적으로, 대체로 2 보통 유 usually
The weather was **generally** good, but it rained once.
날씨가 대체로 좋았지만, 비가 한 번 왔다.
general 형 일반[보편/전반]적인

077 transport [trænspɔ́ːrt]
동 수송[운송]하다 명 수송, 운송 유 transportation
The truck **transported** our furniture to the new house.
그 트럭이 우리의 가구를 새 집으로 운송했다.

078 transfer [trænsfə́ːr]
동 이동하다; 환승하다
명 [trǽnsfər] 이동; 환승
The prisoner was **transferred** to another prison. 그 죄수는 또 다른 감옥으로 옮겨졌다.
the **transfer** of information 정보의 이동

Word Link
transport는 목적지까지 어떤 것을 운송한다는 뜻이고, transfer는 장소를 이동해 옮긴다는 뜻이에요.

079 rail [reil]
명 1 (철도의) 레일[선로] 2 기차, 철도 유 train
The train went off the **rails**. 그 기차는 선로를 벗어났다.
We have to buy a **rail** ticket. 우리는 기차표를 사야 한다.

≫ visit distant relatives abroad 해외에 있는 먼 친척을 방문하다

080 distant [dístənt]
형 먼, (멀리) 떨어져 있는
Dinosaurs lived in the **distant** past. 먼 과거에 공룡들이 살았다.
distance 명 거리

081 relative [rélətiv]
명 친척 형 비교적인; 상대적인
Her **relatives** attended the wedding. 그녀의 친척들이 결혼식에 참석했다.
They live in **relative** comfort. 그들은 비교적 안락하게 산다.
relatively 부 비교적; 상대적으로 **relate** 동 관련시키다

082 relate [riléit]
동 관련시키다 ((to, with))
Generally, people **relate** poverty with crime. 일반적으로, 사람들은 빈곤과 범죄를 관련시킨다.
relation 명 관계 **relative** 명 친척 형 비교적인; 상대적인

> **Word Link**
> relate(관련시키다) + -tive(~하는 성질이 있는) → relative(비교적인)

083 abroad [əbrɔ́ːd]
부 해외에(서), 해외로
He has never traveled **abroad**. 그는 해외로 여행 가본 적이 없다.

≫ capable of performing a challenging task 힘든 과제를 수행할 수 있는

084 capable [kéipəbl]
형 1 (~을) 할 수 있는 ((of)) 2 유능한
I am **capable** of doing this job myself. 나는 이 일을 내 스스로 해낼 수 있다.

085 perform [pərfɔ́ːrm]
동 1 공연[연주]하다 2 행하다[수행하다]
The band will **perform** at the concert tomorrow.
그 밴드는 내일 콘서트에서 공연할 것이다.
perform a surgery/an experiment 수술/실험을 하다
performance 명 공연[연주]; 성과, 실적

086 challenging [tʃǽlindʒiŋ]
형 능력을 시험하는, 도전적인
Teaching young children is **challenging** work.
어린 아이들은 가르치는 것은 힘든[도전적인] 일이다.
challenge 명 도전, 난제 동 도전하다; 이의를 제기하다

087 task [tæsk]
명 일, 과업, 과제
It's not an easy **task**. 그것은 쉬운 일이 아니다.

DAY 04 • 021

주제 여행

088 attraction [ətrǽkʃən]
명 1 명소[명물] 2 끄는 힘; 매력(적인 요소)
The palace is a major tourist **attraction**. 그 궁전은 주요 관광 명소이다.
attract 동 끌어들이다; (주의·흥미를) 끌다

089 carnival [káːrnəvəl]
명 카니발, 축제
There is a local **carnival** every winter in this town.
매년 겨울에 이 마을에는 지역 축제가 있다.

090 depart [dipáːrt]
동 (특히 여행을) 떠나다[출발하다]
The train **departed** on time. 그 열차는 정시에 출발했다.
departure 명 떠남, 출발

091 pleasure [pléʒər]
명 즐거움, 기쁨 유 delight
He takes **pleasure** in meeting people from around the world.
그는 전 세계에서 온 사람들을 만나는 것을 즐긴다.
Plus+ · take pleasure in ~을 즐기다[즐거움으로 삼다]
please 부 제발 동 기쁘게 하다

092 route [ruːt, raut]
명 1 길, 경로 유 course, path 2 (버스·기차 등의) 노선
This is the most direct **route** to the hotel.
여기는 호텔로 가는 최단 경로[가장 직행으로 가는 길]이다.

093 rent [rent]
동 1 임대하다, 빌려주다 2 임차하다, 빌리다 명 집세[임차료]
She **rents** a room in her house to tourists.
그녀는 자기 집의 방 하나를 관광객들에게 임대한다.
pay the **rent** 집세를 내다

094 feast [fiːst]
명 연회, 잔치
The villagers dance and have a **feast** during the festival.
페스티벌 동안 그 마을사람들은 춤을 추고 잔치를 벌인다.

095 look forward to
~을 고대하다
He is **looking forward to** his trip to Hawaii.
그는 하와이 여행을 기대하고 있다.

096 check out
1 ~을 확인하다 2 체크아웃 하다[퇴실하다] 반 check in
Check out your car before going on a long drive.
장거리 운전을 하기 전에 너의 차를 점검해라.
check out early 일찍 퇴실하다

DAILY TEST

정답 p.148

[01~07] 다음 우리말과 같은 뜻이 되도록 빈칸에 알맞은 단어를 쓰세요.

01 빈곤과 범죄를 관련시키다   _____ poverty with crime

02 정보의 이동   the _____ of information

03 힘든[도전적인] 일   _____ work

04 글을 읽지도 글자를 쓰지도 못하다   can neither read _____ write

05 수술을 하다   _____ a surgery

06 선로를 벗어나다   go off the _____

07 집세를 내다   pay the _____

[08-09] 다음 짝지어진 단어의 관계가 나머지와 <u>다른</u> 하나를 고르세요.

08 ⓐ pleasure – delight   ⓑ generally – usually

　　ⓒ diligent – lazy   ⓓ transport – transportation

09 ⓐ attraction – attract   ⓑ departure – depart

　　ⓒ relation – relate   ⓓ talented – talent

여행

[10~17] 다음 빈칸에 알맞은 단어를 넣어, 대화를 완성하세요.

A: I'm really ¹⁰_____ _____ _____ our weekend at the beach. I ¹¹_____ an apartment. It's close to all the ¹²_____. We only have to ¹³_____ _____ at 2 p.m. Our train home ¹⁴_____ at 4:30. We'll have plenty of time to get to the station.

B: Is there a ¹⁵_____ when we're there?

A: Yes. Let's look up the ¹⁶_____ online before we go.

B: Thanks for preparing all this.

A: No problem – it's my ¹⁷_____.

A: 저는 해변에서 보내는 주말을 정말 ¹⁰기대하고 있어요. 저는 아파트를 ¹¹빌렸어요. 그곳은 모든 ¹²명소들과 가까워요. 우리는 오후 2시에 ¹³체크아웃 하기만 하면 됩니다. 집으로 가는 기차는 4시 30분에 ¹⁴출발합니다. 우리가 역까지 갈 시간은 충분할 거예요.

B: 우리가 거기에 있을 때 ¹⁵카니발이 열리나요?

A: 네. 가기 전에 온라인으로 ¹⁶경로를 찾아봅시다.

B: 이것들을 다 준비해 주셔서 감사해요.

A: 천만에요. 저도 ¹⁷즐거웠는걸요.

DAY 05

>> **manage** to **overcome** a **disadvantage** 간신히 약점을 극복하다

097 manage [mǽnidʒ]
동 1 간신히 해내다 (to-v) 2 경영[관리]하다
I **managed** to get to the airport in time. 나는 간신히 시간 내에 공항에 도착했다.
manage a hotel/soccer team 호텔을 경영하다/축구팀을 운영하다
management 명 경영[관리]   manager 명 경영자[관리자]

098 overcome [òuvərkʌ́m]
동 (overcame-overcome) 극복하다, 이겨내다
He **overcame** a leg injury to win a medal. 그는 다리 부상을 극복하고 메달을 땄다.

099 disadvantage [dìsədvǽntidʒ]
명 불리한 점, 약점 반 advantage
Your main **disadvantage** is your lack of job experience.
너의 주요 약점은 네가 직업 경험이 부족하다는 것이다.

>> **wipe** the floor with a **damp mop** 젖은 대걸레로 바닥을 닦다

100 wipe [waip]
동 닦다, 훔치다
She **wiped** her hands on a dry towel. 그녀는 마른 수건에 손을 닦았다.
He **wiped** the sweat from his forehead. 그는 이마의 땀을 훔쳤다.

101 damp [dæmp]
형 축축한, 눅눅한
My hair is still a little **damp**. 내 머리카락은 아직도 조금 축축하다.
This room feels **damp**. 이 방은 눅눅한 것 같다.

102 mop [map]
동 대걸레로 닦다 명 대걸레
He **mopped** the kitchen floor.
그는 부엌 바닥을 대걸레로 닦았다.
I usually sweep the floor before I use the **mop**.
나는 보통 대걸레를 사용하기 전에 바닥을 쓴다.

103 vacuum [vǽkju:m]
명 진공 동 진공청소기로 청소하다
Since there is no air in space, it's a **vacuum**. 우주에는 공기가 없기 때문에 진공 상태이다.
I just **vacuumed** the living room.
나는 방금 거실을 진공청소기로 청소했다.

Word Link
mop와 vacuum은 청소 관련 표현으로, 이외에 'wipe(닦다)', 'sweep(쓸다)'도 알아 두세요.

›› locate a tiny crack in a pipe 파이프에 있는 작은 균열의 위치를 찾아내다

104 locate [lóukeit]
동 1 ~의 위치를 찾아내다 2 (특정 위치에) 두다
The rescue team is trying to **locate** the missing sailors.
그 구조팀은 실종된 선원들의 위치를 찾아내기 위해 애쓰고 있다.
locate a factory near the airport 공항 근처에 공장을 두다
location 명 장소, 위치

105 crack [kræk]
동 금이 가다; 금이 가게 하다   명 (갈라진) 금
The walls **cracked** in the earthquake. 그 지진으로 벽들에 금이 갔다.
There is a **crack** in the mirror. 그 거울에는 금이 가 있다.

106 pipe [paip]
명 관, 파이프
The weather was so cold that the water **pipes** froze.
날씨가 너무 추워서 수도관들이 얼었다.

107 liquid [líkwid]
명 액체   형 액체의
Water and juice are **liquids**.
물과 주스는 액체이다.
참고 gas 기체   solid 고체

Word Link
pipe는 '액체(liquid)'나 '기체(gas)'를 수송하는 데 쓰는 관을 말해요.

›› announce a celebrity's marriage in a weekly magazine 주간지에서 유명인의 결혼을 발표하다

108 announce [ənáuns]
동 발표하다, 알리다
It's time to **announce** the winner. 우승자를 발표할 시간이다.
announcement 명 발표   announcer 명 방송 진행자, 아나운서

109 celebrity [səlébrəti]
명 유명 인사, 유명인
She is a national **celebrity**. 그녀는 국가적인 유명 인사이다.

110 marriage [mǽridʒ]
명 결혼 생활, 결혼
The key to a successful **marriage** is respect.
성공적인 결혼 생활의 열쇠는 존중이다.
marry 동 결혼하다

111 weekly [wíːkli]
형 매주의, 주 1회의
We have a **weekly** meeting every Monday. 우리는 월요일마다 주간 회의를 한다.
week 명 주, 일주일

주제 법과 질서

112 clue [kluː]
명 단서, 실마리
The police found no **clues** at the crime scene.
경찰은 범행 현장에서 아무 단서도 찾지 못했다.

113 signal [sígnəl]
명 신호 동 신호를 보내다
We waited for the **signal** to turn green.
우리는 신호가 녹색으로 바뀌기를 기다렸다.
signal the driver to stop 운전자에게 정지 신호를 보내다

114 deny [dinái]
동 부인하다, 부정하다
He **denied** stealing the necklace. 그는 그 목걸이를 훔친 것을 부정했다.
denial 명 부인[부정]

115 equally [íːkwəli]
부 똑같이, 동등하게
All people should be treated **equally**. 모든 사람들은 동등하게 대우받아야 한다.
equal 형 동일한[같은]; 동등[평등]한 동 (수·양 등이) 같다, ~이다

116 ignore [ignɔ́ːr]
동 무시하다
Accidents happen when drivers **ignore** warning signs.
운전자들이 경고 표시를 무시할 때 사고가 일어난다.
ignorance 명 무지, 무식

117 litter [lítər]
명 (공공장소에 버려진) 쓰레기; 어질러진 것들
Pick up your **litter** and throw it in the trash can.
쓰레기를 주워서 쓰레기통에 버려라.

118 pardon [páːrdn]
동 1 용서하다 2 사면하다   명 1 용서 2 사면
Pardon me for being late. 늦은 것에 대해 저를 용서해 주세요.
The President **pardoned** the criminal. 대통령은 그 죄인을 사면했다.
ask/receive a **pardon** 사면을 요청하다/받다

119 according to
~에 따르면
According to the police, the thief ran away from the scene.
경찰에 따르면, 그 도둑은 현장에서 달아났다.

120 look into
~을 조사하다 investigate, examine
The firefighters are **looking into** the cause of the fire.
그 소방관들은 그 화재의 원인을 조사하고 있다.

DAILY TEST

정답 p.148

[01~10] 영어는 우리말로, 우리말은 영어로 쓰세요.

01 crack _____
02 overcome _____
03 disadvantage _____
04 mop _____
05 vacuum _____
06 관, 파이프 _____
07 닦다, 훔치다 _____
08 유명 인사, 유명인 _____
09 액체; 액체의 _____
10 축축한, 눅눅한 _____

[11~15] 다음 밑줄 친 부분을 문맥에 맞게 고쳐 쓰세요.

11 We have a <u>week</u> meeting every Monday.

12 It's time to <u>announcement</u> the winner.

13 The key to a successful <u>marry</u> is respect.

14 Accidents happen when drivers <u>ignorance</u> warning signs.

15 The rescue team is trying to <u>location</u> the missing sailors.

법과 질서

[16~22] 다음 빈칸에 알맞은 단어를 넣어, 대화를 완성하세요.

A: We can't ¹⁶_____ this ¹⁷_____ problem any longer. Let's ¹⁸_____ _____ it.
B: I agree. ¹⁹_____ _____ a report, 30 million tons of litter are dropped every year.
A: There's a bag of litter. Let's look inside for ²⁰_____. We might find an address in there.
B: The owner will ²¹_____ it's his, I'm sure.
A: But it will send a ²²_____: We're watching him!

A: 우리는 이 ¹⁷**쓰레기** 문제를 더 이상 ¹⁶**무시할** 수 없습니다. 그것을 ¹⁸**조사해** 봅시다.
B: 동의합니다. 한 보고서에 ¹⁹**따르면**, 매년 3천만 톤의 쓰레기가 버려지고 있습니다.
A: 저기 쓰레기 봉지가 있어요. ²⁰**단서들**을 찾기 위해 내부를 살펴봅시다. 그 안에서 주소를 찾게 될 수도 있어요.
B: 그 주인은 그것이 자기 것이라는 걸 ²¹**부인할** 거예요, 나는 확신해요.
A: 하지만 그것은 ²²**신호**를 보낼 것입니다. 우리가 그를 지켜보고 있다는 것을!

REVIEW TEST DAY 01~05

정답 p.148

A 덩어리 표현 우리말에 맞게 빈칸을 채워 핵심 표현을 완성하세요.

01 make any _____ to achieve your _____ 목표를 달성하기 위해 어떠한 노력이든 하다

02 yawn _____ during a _____ lecture 지루한 강의 중에 여러 번 하품하다

03 a _____ represents the _____ city 시장이 도시 전체를 대표하다

04 display _____ _____ 예술적 재능을 드러내다

05 give an _____ of being _____ 이기적이라는 인상을 주다

06 intend to _____ to the _____ 해군에 지원할 작정이다

07 _____ worth about a _____ dollars 아마 약 10억 달러의 가치가 있는

08 a series of _____ on bullying among _____ 동료들 사이의 따돌림에 대한 일련의 기사들

09 _____ electric wires with _____ hands 맨손으로 전선을 만지다

10 the _____ _____ for iron is Fe 철의 화학 기호는 Fe이다

11 _____ _____ all traces of pimples 모든 여드름 자국을 완전히 지우다

12 _____ kids to _____ in voluntary work 아이들에게 자원봉사 활동에 참여하도록 권장하다

13 neither talented _____ _____ 재능도 없고 부지런하지도 않은

14 generally _____ by _____ 보통 철도로 운송하다

15 visit _____ relatives _____ 해외에 있는 먼 친척을 방문하다

16 capable of performing a _____ _____ 힘든 과제를 수행할 수 있는

17 manage to _____ a _____ 간신히 약점을 극복하다

18 _____ the floor with a damp _____ 젖은 대걸레로 바닥을 닦다

19 _____ a tiny _____ in a pipe 파이프에 있는 작은 균열의 위치를 찾아내다

20 _____ a _____'s marriage in a weekly magazine
주간지에서 유명인의 결혼을 발표하다

B 주제별 어휘
우리말에 맞게 빈칸을 채워 문장을 완성하세요.

인류와 역사

01 I'm from an ancient Scottish _____.
나는 고대 스코틀랜드 왕조 출신이다.

02 Our family _____ _____ to the seventeenth century.
우리 가족의 역사는 17세기로 거슬러 올라간다.

03 This _____ has never been forgotten.
이 비극은 절대 잊히지 않았다.

도전과 난제

04 It was the most _____ night of my life.
내 인생에서 가장 비참한 밤이었다.

05 The others _____ me because I _____ so often.
다른 사람들이 내가 너무 자주 한숨을 쉰다고 나를 놀렸다.

06 I was quite _____ by the time I got home.
집에 돌아왔을 때 즈음 나는 매우 우울했다.

건물과 건축

07 This old church has been _____ _____ a beautiful home.
이 오래된 교회가 아름다운 집으로 바뀌었다.

08 The _____ window _____ and broken roof tiles have gone.
벗겨지고 있는 창문의 틀들과 부서진 기와도 없어졌다.

09 The _____ of a second floor is amazing.
2층의 추가는 놀랍다.

여행

10 I _____ an apartment.
나는 아파트를 빌렸다.

11 It's close to all the _____.
그곳은 모든 명소들과 가깝다.

12 Let's look up the _____ online before we go.
가기 전에 온라인으로 경로를 찾아보자.

법과 질서

13 We can't _____ this _____ problem any longer.
우리는 이 (공공장소에 버려진) 쓰레기 문제를 더 이상 무시할 수 없다.

14 Let's look inside for _____.
단서들을 찾기 위해 내부를 살펴보자.

15 The owner will _____ it's his.
그 주인은 그것이 자기 것이라는 걸 부인할 것이다.

DAY 06

>> **behave** in a **confident manner** 자신감 있는 태도로 행동하다

121 behave [bihéiv]
통 행동하다, 처신하다 ⓤ act
How does her son **behave** at school? 그녀의 아들은 학교에서 어떻게 행동하나요?
behavior 명 행동, 품행

122 confident [kάnfədənt]
형 1 자신감 있는 2 확신하는
He began to read in a **confident** voice. 그는 자신감 있는 목소리로 읽기 시작했다.
The team is **confident** of victory. 그 팀은 승리에 대해 확신한다.
confidence 명 자신감; 신뢰, 신임

123 manner [mǽnər]
명 1 방식 2 (사람의) 태도; (-s) 예의
He has a strange **manner** of speaking. 그는 말하는 방식이 이상하다.
She has a calm **manner**. 그녀는 차분한 태도를 가지고 있다.
They have no **manners**. 그들은 예의가 없다.

>> **satisfy** the **curiosity** of an **audience** 관객의 호기심을 충족시키다

124 satisfy [sǽtisfài]
통 1 만족시키다 2 (필요·욕구 등을) 충족시키다
The plan will not **satisfy** everyone. 그 계획이 모두를 만족시키지는 못할 것이다.
satisfy your hunger 배고픔을 채우다
satisfaction 명 만족(감)

125 curiosity [kjùəriάsəti]
명 호기심
Bright children usually have a lot of **curiosity**.
영리한 아이들은 보통 호기심이 많다.
curious 형 궁금한; 호기심이 많은

126 audience [ɔ́ːdiəns]
명 청중, 관중[관객]
There is a large **audience** at the concert. 그 콘서트에 많은 청중이 있다.

127 crowd [kraud]
명 군중, 무리
A large **crowd** gathered to watch the parade. 수많은 군중이 그 퍼레이드를 보기 위해 모였다.
crowded 형 복잡한, 붐비는

Word Link
audience는 누군가의 말을 듣는 사람들을 뜻하고, crowd는 어느 한 장소에 모인 사람들을 뜻한다.

›› have a(n) pleasant/uncomfortable conversation 기분 좋은/불편한 대화를 나누다

128 pleasant
[plézənt]

형 1 즐거운, 기분 좋은 ⓤ nice 2 상냥한
We had a **pleasant** evening at the beach. 우리는 해변에서 즐거운 저녁을 보냈다.
a very **pleasant** waiter 매우 상냥한 웨이터
pleasure 명 즐거움, 기쁨   **please** 부 제발   동 기쁘게 하다

129 uncomfortable
[ʌnkʌ́mftəbl]

형 불편한 ⓐ comfortable
This chair is so **uncomfortable**. 이 의자는 너무 불편하다.
an **uncomfortable** silence 불편한 침묵

130 conversation
[kɑ̀nvərséiʃən]

명 대화 ⓤ dialogue
She had a short **conversation** with her teacher.
그녀는 그녀의 선생님과 짧은 대화를 나눴다.

›› include a fee of $20 per client 고객 당 20달러의 수수료를 포함하다

131 include
[inklúːd]

동 포함하다; 포함시키다 ⓐ exclude
Does the recipe **include** onions? 그 조리법에 양파가 포함되어 있나요?
include the results in your report 너의 보고서에 그 결과들을 포함시키다
including 전 ~을 포함하여

132 exclude
[iksklúːd]

동 제외[배제]하다 ⓐ include
This item is **excluded** from the sale.
이 품목은 세일에서 제외된다.

> **Word Link**
> include의 반의어는 exclude로, in-은 '안으로', ex-는 '밖으로'를 뜻하는 접두사예요.

133 fee
[fiː]

명 요금, 수수료
There is no entrance **fee** for the museum. 그 박물관에는 입장료가 없다.
pay a late **fee** 연체료를 내다

134 per
[pəːr]

전 ~당, ~마다
The ticket is ten dollars **per** person. 그 티켓은 한 명당 10달러이다.

135 client
[kláiənt]

명 의뢰인, 고객
A **client** visited the lawyer's office for legal advice.
한 의뢰인이 법적 조언을 위해 그 변호사의 사무실을 방문했다.

참고 **customer**는 물건과 서비스를 한 회사로부터 구입하는 사람인 반면, **client**는 전문적인 서비스를 구입하는 특정 유형의 고객을 뜻함

주제 자연과 환경

136 thunder [θʌ́ndər]
명 천둥
Thunder crashed in the sky. 하늘에서 천둥이 요란한 소리를 냈다.
참고 lightning 번개

137 bloom [bluːm]
명 (나무·가지 전체의) 꽃 ⊕ flower 동 꽃을 피우다, 개화하다
The beautiful red **blooms** attract butterflies.
그 아름다운 빨간 꽃들은 나비를 유인한다.
Most flowers **bloom** in spring. 대부분의 꽃들은 봄에 개화한다.

138 horizon [həráizn]
명 수평선, 지평선
The sun sank below the **horizon**. 해가 수평선 아래로 가라앉았다[졌다].
horizontal 형 수평의, 가로의

139 layer [léiər]
명 층, 겹
The ozone **layer** protects life on Earth. 오존층은 지구상의 생명체를 보호한다.

140 harvest [háːrvist]
명 수확, 추수 동 수확[추수]하다
Our **harvest** season usually begins in September.
우리의 수확철은 대개 9월에 시작한다.

141 flash [flæʃ]
명 섬광, 번쩍임 동 번쩍이다
There was a **flash** of lightning in the sky. 하늘에서 번개가 번쩍였다.
Suddenly a bright light **flashed** into the room.
갑자기 그 방 안으로 밝은 빛이 번쩍였다.

142 pollute [pəlúːt]
동 오염시키다
The factory **polluted** the water with plastic waste.
그 공장은 플라스틱 쓰레기로 물을 오염시켰다.
pollution 명 오염, 공해

143 result in
(~한 결과를) 낳다[야기하다] ⊕ cause
Heavy snow **resulted in** a lot of car accidents.
폭설이 많은 교통사고를 야기했다.
참고 result from ~이 원인이다, ~때문이다

144 feed on
~을 먹고 살다
Most frogs **feed on** insects. 대부분의 개구리들은 곤충들을 먹고 산다.

DAILY TEST

정답 p.148

[01~07] 다음 우리말과 같은 뜻이 되도록 빈칸에 알맞은 단어를 쓰세요.

01 배고픔을 채우다[충족시키다]   _____ your hunger
02 연체료를 내다   pay a late _____
03 매우 상냥한 웨이터   a very _____ waiter
04 짧은 대화를 나누다   have a short _____
05 불편한 침묵   an _____ silence
06 많은 청중   a large _____
07 예의가 없다   have no _____

[08-10] 다음 짝지어진 두 단어의 관계가 같도록 빈칸에 알맞은 단어를 쓰세요.

08 pollute : pollution = _____ : behavior
09 comfortable : uncomfortable : = _____ : exclude
10 _____ : confidence = curious : curiosity

자연과 환경

[11~17] 다음 빈칸에 알맞은 단어를 넣어, 이야기를 완성하세요.

If we are kind to our world, it will be kind to us. Our weather is changing because we 11_____ the air. We see more floods. Violent storms with wild 12_____ and 13_____ of lightning are more common. This 14_____ _____ poor 15_____. Our land is changing too, because we pollute the soil. Farmers add 16_____ of chemicals. Who ends up 17_____ _____ these chemicals? We do, in the foods that are grown there.

우리가 세상에게 친절하면 세상도 우리에게 친절할 것이다. 우리가 공기를 11**오염시키기** 때문에 우리의 날씨가 변하고 있다. 우리는 더 많은 홍수를 목격하고 있다. 거친 12**천둥**과 번개의 13**섬광들**을 동반한 격렬한 폭풍우가 더 흔해진다. 이것이 형편없는 15**수확들[흉작]**을 14**야기한다**. 우리가 토양을 오염시키기 때문에 땅도 변하고 있다. 농부들은 여러 16**겹들**의 화학물질을 추가한다. 결국 누가 이 화학물질을 17**먹고 살게** 되는가? 그곳에서 재배되는 음식을 통해서 우리가 먹게 된다.

DAY 06 • 033

DAY 07

Video

>> well **aware** of the **risk** of **infection** 감염 위험에 대해 잘 알고 있는

145 aware [əwέər]
형 알고[인식하고] 있는 ((of))
Are you **aware** of the hole in your shirt?
당신은 당신의 셔츠에 있는 구멍을 알고 있나요?
awareness 명 (중요성에 대한) 의식[관심]

146 risk [risk]
명 1 위험(성) ⊕ danger 2 위험 요소
The **risk** of injury in ice hockey is high. 아이스하키에서 부상의 위험이 높다.
risky 형 위험한

147 infection [infékʃən]
명 감염, 전염(병)
Wash your hands often to prevent **infection**.
감염 예방을 위해 손을 자주 씻어라.
infect 동 감염시키다

>> all **citizens** have a **duty** to pay **taxes** 모든 시민들에겐 세금을 낼 의무가 있다

148 citizen [sítəzən]
명 시민
She was born in Italy but is now an American **citizen**.
그녀는 이탈리아에서 태어났지만, 지금은 미국 시민이다.

149 duty [djúːti]
명 1 의무 2 (-s) 직무, 임무
Parents have a **duty** to take care of their children.
부모들은 자신의 자녀들을 돌봐야 할 의무가 있다.
the **duties** of a police officer 경찰관의 임무

150 tax [tæks]
명 세금
Does the price include **tax**? 그 가격에 세금이 포함되어 있나요?

151 universal [jùːnəvə́ːrsəl]
형 1 일반적인, 보편적인 2 전 세계적인
Fear is one of the **universal** human emotions.
두려움은 보편적인 인간의 감정들 중 하나다.
Music is a **universal** language. 음악은 세계 공통어이다.

Word Link
덴마크는 '세금(tax)'이 높은 대신, 모든 국민에게 동일한, '보편적 복지(universal welfare)'를 제공해요.

›› the silent type who shows no emotion 감정을 표현하지 않는 조용한 타입

152 silent [sáilənt]
형 침묵하는; 조용한
You have the right to remain **silent**. 당신은 묵비권을 행사할 권리가 있습니다.
silence 명 고요, 정적; 침묵

153 silence [sáiləns]
명 고요, 정적; 침묵
A loud thunder broke the **silence** of the night. 큰 천둥소리가 밤의 정적을 깼다.
silent 형 침묵하는; 조용한

> **Word Link**
> silent(침묵하는) + 명사형 접미사 -ence(성질, 상태) → silence(침묵)

154 type [taip]
명 1 종류, 유형 ⊕ kind, sort 2 ~타입의 사람
What **type** of music do you like? 당신은 어떤 종류의 음악을 좋아하나요?
Mark is handsome, but he is not my **type**. 마크는 잘생겼지만, 내 타입은 아니다.

155 emotion [imóuʃən]
명 감정 ⊕ feeling
She tried to hide her **emotions**, but she couldn't control the tears.
그녀는 자신의 감정을 숨기려고 애썼지만, 눈물을 통제할 수는 없었다.
emotional 형 정서의, 감정의; 감정적인

›› mostly/commonly used for educational purposes 주로/흔히 교육 목적으로 사용되는

156 mostly [móustli]
부 주로, 대개 ⊕ mainly
Mostly, they talk about the environment. 주로, 그들은 환경에 대해 이야기한다.

157 commonly [kámənli]
부 흔히, 보통
This medicine is **commonly** used to treat heart disease.
이 약은 흔히 심장병을 치료하기 위해 사용된다.
common 형 흔한; 공통의, 공동의

158 educational [èdʒukéiʃənl]
형 교육의, 교육적인
They met to discuss the **educational** system of the city.
그들은 그 도시의 교육 제도에 대해 토론하기 위해 만났다.
education 명 교육 **educate** 동 교육하다

159 purpose [pə́ːrpəs]
명 1 목적 2 (-s) 용도
What is the **purpose** of your visit to Japan?
당신의 일본 방문 목적은 무엇입니까?
for medical **purposes** 의학적인 용도로

| 주제 | **언어와 표현** |

160 therefore
[ðéərfɔ̀ːr]

부 그러므로, 그 결과 유 so

The team was not prepared to play and **therefore** lost the game.
그 팀은 경기를 뛸 준비가 되어 있지 않았고 그러므로 그 게임을 졌다.

161 besides
[bisáidz]

전 ~ 외에[밖에] 유 in addition to 부 게다가 유 moreover

Does he play any other sports **besides** soccer?
축구 외에도 그는 어떤 다른 스포츠를 하나요?

I won't have time to eat; **besides**, I'm not hungry.
나는 밥 먹을 시간이 없을 것이다. 게다가, 나는 배고프지 않다.

162 except
[iksépt]

전 ~을 제외하고는, ~ 외에는

The cafe is open every day **except** Mondays.
그 카페는 월요일을 제외하고 매일 문을 연다.

163 suggest
[səgdʒést]

동 제안하다

My friend **suggested** studying together. 내 친구는 함께 공부할 것을 제안했다.

suggestion 명 제안

164 native
[néitiv]

형 출생지의, 모국의

She wanted to return to her **native** land.
그녀는 자신의 고국 땅으로 돌아가기를 원했다.

your **native** language 너의 모국어

165 interpret
[intə́ːrprit]

동 1 해석하다 2 통역하다

He **interpreted** her silence as anger. 그는 그녀의 침묵을 화난 것으로 해석했다.
I **interpreted** for her because she doesn't know any French.
그녀가 프랑스어를 모르기 때문에 나는 그녀를 위해 통역했다.

interpreter 명 통역사

166 elementary
[èləméntəri]

형 초보의, 초급의; 기본적인

I took an **elementary** English course. 나는 초급 영어 강좌를 들었다.

참고 **elementary school** 초등학교

167 stand for

~을 나타내다 유 represent

The color red often **stands for** danger. 빨간색은 종종 위험을 나타낸다.

168 above all

무엇보다도, 특히

Above all, I want you to be confident.
무엇보다도, 나는 네가 자신감이 있으면 좋겠다.

DAILY TEST

정답 p.149

[01~07] 다음 우리말과 같은 뜻이 되도록 빈칸에 알맞은 단어를 쓰세요.

01 묵비권을 행사하다[침묵을 지키다] remain _____

02 그 도시의 교육 제도 the _____ system of the city

03 감염을 예방하다 prevent _____

04 세계 공통어 a _____ language

05 경찰관의 임무 the _____ of a police officer

06 의학적인 용도로 for medical _____

07 밤의 정적 the _____ of the night

[08-11] 다음 밑줄 친 부분과 바꿔 쓸 수 있는 알맞은 표현을 골라 연결하세요.

08 <u>Mostly</u>, they talk about the environment.   •   • ⓐ kind

09 What <u>type</u> of music do you like?   •   • ⓑ mainly

10 The <u>risk</u> of injury in ice hockey is high.   •   • ⓒ in addition to

11 Does he play any other sports <u>besides</u> soccer? •   • ⓓ danger

언어와 표현

[12~18] 다음 빈칸에 알맞은 단어를 넣어, 대화를 완성하세요.

A: You are a native Austrian, aren't you? Do you speak any other languages ¹²_____ German?

B: Yes, English. I ¹³_____ for the GFA.

A: What's that?

B: Oh, sorry – it ¹⁴_____ _____ the German Football Association. I also speak ¹⁵_____ Spanish. ¹⁶_____ , there's lots to do when Spanish teams visit. I ¹⁷_____ hotels, activities, and restaurants they might like. I'm always busy, ¹⁸_____ during June and July. They don't play matches then.

A: 당신은 오스트리아 사람이군요, 그렇죠? 독일어 ¹²**외에** 다른 언어도 할 줄 아시나요?
B: 네, 영어요. 저는 GFA를 위해 ¹³**통역을 해요**.
A: 그게 뭔가요?
B: 아, 미안해요. 그것은 독일 축구 협회를 ¹⁴**나타내요**. 저는 또한 ¹⁵**기본적인** 스페인어를 구사할 수 있어요. ¹⁶**그러므로**, 스페인 팀들이 방문하면 할 일이 많아져요. 저는 그들이 좋아할 만한 호텔, 활동들, 그리고 식당들을 ¹⁷**제안해요**. 저는 6월과 7월을 ¹⁸**제외하고는** 항상 바빠요. 그들은 그때 경기를 하지 않아요.

DAY 07 • 037

DAY 08

>> **impressed** by his **passion** for **architecture** 건축에 대한 그의 열정에 감명받은

169 impressed [imprést]
형 감명을 받은, 좋은 인상을 받은 ((by, with))
The audience was **impressed** with his acting.
관객들은 그의 연기에 감명받았다.
impress 동 깊은 인상을 주다, 감명을 주다

170 passion [pǽʃən]
명 열정
He has a **passion** for music. 그에게는 음악에 대한 열정이 있다.
passionate 형 열정적인

171 architecture [ɑ́ːrkitèktʃər]
명 1 건축(학) 2 건축 양식
She studied **architecture** at university. 그녀는 대학에서 건축학을 배웠다.
architect 명 건축가

>> **symbolize** good **fortune**/**evil** 행운을/악을 상징하다

172 symbolize [símbəlàiz]
동 상징하다 ≒ represent
The lion **symbolizes** courage. 사자는 용기를 상징한다.
symbol 명 상징(물); 기호, 부호

173 fortune [fɔ́ːrtʃən]
명 1 부(富), 재산 ≒ wealth 2 운 ≒ luck
He made a **fortune** (by) buying and selling land.
그는 땅을 사고 팔아서 재산을 모았다.
Plus+ · make a fortune 재산을 모으다
fortunate 형 운이 좋은, 다행인

174 evil [íːvəl]
형 사악한 명 악 ↔ good
The **evil** leader killed thousands of his people.
그 사악한 지도자는 수천 명의 국민을 죽였다.

175 spirit [spírit]
명 1 정신, 영혼 2 (-s) 기분
Yoga is good for the health of your body and **spirit**. 요가는 육체와 정신의 건강을 위해 좋다.
be in high/low **spirits** 기분이 좋다/우울하다
spiritual 형 정신의, 정신적인

Word Link
사악한 영혼이라는 뜻의 '악령'은 영어로 evil spirit이라고 표현해요.

some **sort** of **sticky stuff** in your hair 머리카락에 뭔가 끈적거리는 것

176 sort
[sɔːrt]

명 종류, 부류 🔁 kind, type

This **sort** of cell phone is very expensive. 이런 종류의 휴대전화는 매우 비싸다.

177 sticky
[stíki]

형 끈적거리는, 달라붙는

Glue is **sticky**. 풀은 끈적거린다.

stick 명 (부러진) 나뭇가지, 막대기; 스틱, 채 동 찌르다; 붙이다

178 wax
[wæks]

명 밀랍, 왁스 동 왁스로 광을 내다

Candles are made from **wax**. 양초는 밀랍으로부터 만들어진다.

wax the floor 바닥을 왁스로 광을 내다

> **Word Link**
> '왁스(wax)'는 마루나 자동차 따위에 광택을 내는 데 쓰는 물질로 '부드러운(soft)' 촉감이에요.

179 stuff
[stʌf]

명 ~ 것, 물건

What is the black **stuff** on the carpet? 그 카펫 위에 있는 검은 것은 무엇인가요?
Please watch my **stuff** until I get back. 제가 돌아올 때까지 제 물건 좀 봐주세요.

do **enormous damage** to the **construction industry** 건설 산업에 막대한 피해를 주다

180 enormous
[inɔ́ːrməs]

형 막대한, 거대한 🔁 huge

An **enormous** amount of money was spent on cancer research.
암 연구에 막대한 양의 돈이 쓰였다.

181 damage
[dǽmidʒ]

명 손상, 피해 동 손상을 주다, 피해를 입히다

Too much sunlight can do **damage** to your skin.
너무 많은 햇빛은 피부에 손상을 줄 수 있다.
His car was **damaged** in the crash. 그의 차는 충돌 사고로 피해를 입었다.

182 construction
[kənstrʌ́kʃən]

명 건설, 공사

Construction of the bridge will begin in spring.
그 다리의 건설은 봄에 시작할 것이다.
under **construction** 공사 중

construct 동 건설하다; 구성하다

183 industry
[índəstri]

명 산업, (제조) 공업; (특정 분야의) -업

The clothing **industry** grew rapidly during the 1960s.
1960년대 동안 의류 산업이 급속도로 성장했다.

industrial 형 산업[공업]의

주제 동작

184 movement [múːvmənt]
명 1 동작, 움직임 ❀ motion 2 (조직적인) 운동
Don't make any sudden **movements** around the bees.
그 벌 주변에서는 어떤 갑작스러운 동작도 하지 마라.
the **movement** for independence 독립 운동
move 동 움직이다; 이사하다

185 rush [rʌʃ]
동 돌진하다, 급하게 가다 ❀ hurry
A lot of people **rushed** to the entrance. 많은 사람들이 출입구로 돌진했다.

186 lay [lei]
동 (laid-laid) 1 놓다, 두다 ❀ put, place 2 (알을) 낳다
She **laid** her coat on the bed. 그녀는 자신의 코트를 그 침대 위에 놓아뒀다.
Sea turtles **lay** their eggs on the beach. 바다 거북들은 해변에 알을 낳는다.

187 leap [liːp]
동 (껑충) 뛰다, 도약하다 ❀ jump
The dog **leaped** over the fence. 그 개가 울타리를 뛰어넘었다.

188 bury [béri]
동 (땅에) 묻다, 매장하다
The boy **buried** his treasure box in the backyard.
그 소년은 자신의 보물 상자를 뒤뜰에 묻었다.
burial 명 매장; 장례식

189 nod [nad]
동 끄덕이다 명 끄덕임
He **nodded** his head in agreement. 그는 동의의 뜻으로 고개를 끄덕였다.

190 swing [swiŋ]
동 (swung-swung) 1 흔들리다; 흔들다 2 휘두르다 명 그네
Our arms **swing** naturally as we walk.
우리가 걸을 때 우리의 팔은 자연스럽게 흔들린다.
The player **swung** the bat and hit the ball. 그 선수는 방망이를 휘둘러 공을 쳤다.
play on the **swings** 그네를 타다

191 back and forth
앞뒤로 (움직이는), 왔다 갔다 (하는)
He moved his body **back and forth** to the music.
그는 그 음악에 맞춰 자신의 몸을 앞뒤로 움직였다.

192 put out
(불을) 진화하다; (불·전깃불 등을) 끄다
The firefighters **put out** the fire. 그 소방관들이 그 불을 진화했다.
put out candles 촛불들을 끄다

DAILY TEST

정답 p.149

[01~10] 영어는 우리말로, 우리말은 영어로 쓰세요.

01 sticky _____
02 architecture _____
03 stuff _____
04 damage _____
05 wax _____
06 열정 _____
07 사악한; 악 _____
08 막대한, 거대한 _____
09 상징하다 _____
10 종류, 부류 _____

[11~15] 다음 괄호 안에서 알맞은 말을 고르세요.

11 He made a (fortunate / fortune) buying and selling land.

12 The clothing (industry / industrial) grew rapidly during the 1960s.

13 (Construction / Construct) of the bridge will begin in spring.

14 The audience was (impress / impressed) with his acting.

15 Yoga is good for the health of your body and (spiritual / spirit).

동작

[16~22] 다음 빈칸에 알맞은 단어를 넣어, 이야기를 완성하세요.

We're eating outside today. Mom is 16_____ around, as usual. She goes 17_____ _____ _____ between the kitchen and the garden. She 18_____ down the food. I sit on the 19_____ and watch her. Our dog Charlie lies under the table. Suddenly I see *a flash of 20_____. I 21_____ off the swing. It's too late! Charlie has two burgers in his mouth. He 22_____ them in the soil.

*a flash of: 순간 번득이는

우리는 오늘 밖에서 밥을 먹을 것이다. 엄마는 평소처럼 16**급하게 움직이고** 있다. 그녀는 부엌과 정원을 17**왔다 갔다** 한다. 그녀는 음식을 내려 18**놓는다**. 나는 19**그네**에 앉아 그녀를 지켜본다. 우리 개 찰리가 그 테이블 아래에 누워있다. 갑자기 나는 순간 번득이는 20**움직임**을 본다. 나는 그네에서 21**뛰어**내린다. 너무 늦었다! 찰리는 입에 햄버거 두 개를 물고 있다. 그는 그것들을 땅에 22**묻는다**.

DAY 08 • 041

DAY 09

>> **recommend/compare** these **products** 이 상품들을 추천하다/비교하다

193 **recommend**
[rèkəménd]

동 1 추천하다 2 권고하다
Can you **recommend** a good restaurant near here?
이 근처에 좋은 식당을 하나 추천해 줄 수 있어?
recommendation 명 추천; 권고

194 **compare**
[kəmpéər]

동 1 (둘을) 비교하다 ((with, to)) 2 비유하다 ((to))
The poet **compared** his girlfriend to a beautiful rose.
그 시인은 자신의 여자친구를 아름다운 장미에 비유했다.
comparison 명 비교(함); 비유

195 **product**
[prádʌkt]

명 제품, 생산물[품]
This store sells all kinds of hair **products**.
이 가게는 모든 종류의 두발 제품들을 판매한다.
produce 동 생산[제조]하다; (결과 등을) 낳다[초래하다]

>> **amuse** people with **silly tricks** 사람들을 바보 같은 장난으로 즐겁게 하다

196 **amuse**
[əmjúːz]

동 즐겁게[재미있게] 하다
His funny jokes **amused** the audience. 그의 웃긴 농담들은 관객들을 즐겁게 했다.
amusement 명 즐거움, 재미; (-s) 오락, 놀이   **amusing** 형 재미있는, 즐거운

197 **amaze**
[əméiz]

동 (대단히) 놀라게 하다 ↔ surprise
The huge size of the fish **amazed** everyone.
그 물고기의 거대한 크기는 모두를 대단히 놀라게 했다.
amazement 명 (대단한) 놀라움   **amazing** 형 놀라운, 굉장한

Word Link
'amuse(즐겁게 하다)'와 'amaze(놀라게 하다)'는 철자가 비슷해서 혼동하기 쉬워요.

198 **silly**
[síli]

형 어리석은, 바보 같은 ↔ foolish
He made a lot of **silly** mistakes. 그는 많은 어리석은 실수를 했다.

199 **trick**
[trik]

명 속임수; 장난 동 속이다
His lie was a **trick** to get my money. 그의 거짓말은 내 돈을 갖기 위한 속임수였다.
He **tricked** me, and I felt so stupid. 그는 날 속였고, 나는 너무 바보같이 느껴졌다.

concrete structures surround a city 콘크리트 구조물이 도시를 둘러싸다

200 concrete [kánkri:t]
형 1 구체적인 (반 abstract) 2 콘크리트로 된
I don't have any **concrete** plans for the future yet.
나는 아직 미래에 대한 어떤 구체적인 계획이 없다.
a **concrete** building 콘크리트로 된 빌딩

> **Word Link**
> '콘크리트(concrete)'는 건축의 주요 재료로, 시멘트 반죽은 굳으면 '단단해(solid)'져요.

201 solid [sálid]
형 단단한; 고체의 명 고체
Dry the clay until it is **solid**.
찰흙이 굳을 때까지 그것을 말려라.
참고 liquid 액체 gas 기체

202 structure [strʌ́ktʃər]
명 1 구조 2 구조물, 건축물
Sentence **structure** is the order of all the parts in a sentence.
문장 구조란 한 문장에 있는 모든 부분들의 순서이다.
Wooden **structures** burn easily. 목재 건축물들은 불에 쉽게 탄다.

203 surround [səráund]
동 둘러싸다
The lake is **surrounded** by tall trees. 그 호수는 키 큰 나무들에 둘러싸여 있다.

gradually improve academic performance 학업 성적을 차츰 향상시키다

204 gradually [grǽdʒuəli]
부 차츰, 서서히 (반 suddenly)
The weather is **gradually** getting colder. 날씨가 차츰 더 추워지고 있다.
gradual 형 점진적인, 서서히 일어나는

205 improve [imprú:v]
동 개선되다, 나아지다; 향상시키다
His English has **improved** a lot. 그의 영어는 많이 개선되었다.
improvement 명 개선, 향상

206 academic [ækədémik]
형 1 학업의, 학교의 2 학문의, 학문적인
The new **academic** year begins in March. 새 학년은 3월에 시작한다.
P.E. is not an **academic** subject. 체육은 학문적인 과목은 아니다.

207 performance [pərfɔ́:rməns]
명 1 공연[연주] 2 성과, 실적
This is the band's first live **performance**. 이번이 그 밴드의 첫 라이브 공연이다.
the team's poor **performance** 그 팀의 부실한 실적
perform 동 공연[연주]하다; 행하다[수행하다]

주제 종교와 사회

208 priest
[priːst]

명 사제[신부], 성직자

He has trained to be a Catholic **priest**.
그는 카톨릭 사제가 되기 위해 훈련을 받았다.

209 miracle
[mírəkl]

명 기적

Do you believe in **miracles**? 당신은 기적을 믿나요?

210 belong
[bilɔ́ːŋ]

동 1 (~에) 속하다, (~의) 것이다 ((to)) 2 (있어야 할 곳에) 있다

We **belong** to the same book club. 우리는 같은 독서 클럽에 속해 있다.
Does this hat **belong** to you? 이 모자는 너의 것이니?
This table **belongs** in the living room. 이 테이블은 거실에 있어야 한다.

211 rescue
[réskjuː]

동 구조[구출]하다 ⓤ save   명 구조, 구출

They **rescued** the sailors from the sinking boat.
그들은 가라앉고 있는 보트에서 선원들을 구했다.

212 gap
[gæp]

명 1 갈라진 틈 2 격차

Our neighbor's dog got in through a **gap** in the fence.
우리 이웃의 개가 그 울타리에 있는 갈라진 틈을 통해 들어왔다.

the **gap** between the rich and the poor 빈부 격차

213 migrate
[máigreit]

동 1 (철새 등이) 이동하다 2 이주하다

In the winter, many birds **migrate** to the south.
겨울에, 많은 새들이 남쪽으로 이동한다.

Farm workers **migrate** at harvest time. 농장 노동자들은 수확기에 이주한다.

migration 명 (새 등의) 이동; 이주   migrant 명 철새; 이주자

214 organize
[ɔ́ːrgənàiz]

동 1 준비[조직]하다 2 정리[체계화]하다

Every year, the city **organizes** a summer festival.
매년 그 도시는 여름 축제를 준비한다.

organize a closet 옷장을 정리하다

organization 명 조직, 단체, 기구

215 one another

서로(서로) ⓤ each other

We should treat **one another** with respect. 우리는 서로를 정중히 대해야 한다.

216 used to-v

~하곤 했다

In his childhood, he **used to** go to church with his parents.
어린 시절, 그는 자신의 부모와 함께 교회에 다니곤 했다.

DAILY TEST

정답 p.149

[01~10] 영어는 우리말로, 우리말은 영어로 쓰세요.

01 solid _____
02 improve _____
03 trick _____
04 academic _____
05 amuse _____

06 둘러싸다 _____
07 차츰, 서서히 _____
08 공연[연주]; 성과, 실적 _____
09 어리석은, 바보 같은 _____
10 (둘을) 비교하다; 비유하다 _____

[11~13] 다음 빈칸에 알맞은 단어를 고르세요.

11 Can you _____ a good restaurant near here?
　　ⓐ compare　　ⓑ recommend　　ⓒ amaze　　ⓓ surround

12 This is the band's first live _____.
　　ⓐ structure　　ⓑ concrete　　ⓒ product　　ⓓ performance

13 This store sells all kinds of hair _____.
　　ⓐ structures　　ⓑ gaps　　ⓒ products　　ⓓ tricks

종교와 사회

[14~20] 다음 빈칸에 알맞은 단어를 넣어, 이야기를 완성하세요.

It is a ¹⁴_____ that we are here. My family ¹⁵_____ from Ukraine last year. We ¹⁶_____ _____ have a happy life there, but the war changed that. Our ¹⁷_____ ¹⁸_____ our journey to England. He says we must help ¹⁹_____ _____. It says that in the Bible. Now I feel that I ²⁰_____ here.

우리가 여기에 있다는 것은 ¹⁴**기적**이다. 우리 가족은 작년에 우크라이나에서 ¹⁵**이주했다**. 우리는 그곳에서 행복한 삶을 ¹⁶**살았지만**, 전쟁으로 인해 삶이 바뀌었다. 우리 ¹⁷**신부님**은 우리의 영국으로의 이동을 ¹⁸**준비해 주었다**. 그는 우리가 ¹⁹**서로서로**를 도와주어야 한다고 말한다. 성경에 그렇게 나와있다. 이제 나는 여기에 ²⁰**속해 있다**고 느낀다.

DAY 10

>> **offer continuous support** 계속적인 지원을 제공하다

217 offer [ɔ́:fər]
동 1 제의[제안]하다 2 제공하다   명 제안, 제의
They **offered** me a very good job. 그들은 내게 매우 좋은 일자리를 제안했다.
The hotel **offers** a free laundry service. 그 호텔은 무료 세탁 서비스를 제공한다.

218 continuous [kəntínjuəs]
형 계속되는, 지속적인
The rain has been **continuous** since this morning.
오늘 아침부터 비가 계속되고 있다.
continue 동 계속되다; 계속하다   **continuously** 부 계속해서, 연달아

219 support [səpɔ́:rt]
동 1 지지[지원]하다 2 후원[부양]하다   명 지지, 지원
No one **supports** the war. 아무도 그 전쟁을 지지하지 않는다.
The company is **supporting** cancer research.
그 회사는 암 연구를 후원하고 있다.
gain public **support** 대중의 지지를 얻다
supporter 명 지지자[후원자]

>> **remind** me to **tidy** up the **basement** 지하실을 정리하라고 내게 일러주다

220 remind [rimáind]
동 상기시키다, 생각나게 하다
That song always **reminds** me of our first meeting.
저 노래는 늘 우리의 첫 만남을 생각나게 한다.
Plus+ · **remind A of B** A에게 B를 생각[연상]하게 하다

221 tidy [táidi]
형 깔끔한, 잘 정돈된   동 정돈하다 ((up))
Always keep your desk **tidy**. 너의 책상을 항상 깔끔하게 유지해라.
tidy up a room 방을 정돈하다

222 junk [dʒʌŋk]
명 쓸모없는 물건, 쓰레기
The garage is filled with old **junk**.
그 차고는 오래된 쓸모없는 물건으로 가득하다.

Word Link '쓸모없는 물건(junk)'을 버려, '집을 깔끔하게(keep the house tidy)' 정리해요.

223 basement [béismənt]
명 (건물의) 지하층
They store food in the **basement**. 그들은 그 지하실에 음식을 보관한다.

›› a cultural barrier to communication 의사소통의 문화적 장벽

224 cultural [kʌ́ltʃərəl]
- 형 문화의, 문화적인
- We studied the **cultural** differences between America and Europe.
  우리는 미국과 유럽 사이의 문화적 차이점들을 연구했다.
- culture 명 문화

225 barrier [bǽriər]
- 명 장벽; 장애물
- The police put up **barriers** to control the crowd.
  경찰은 그 군중들을 통제하기 위해 장벽들을 세웠다.

226 communication [kəmjùːnəkéiʃən]
- 명 의사소통, 연락
- Managers need to improve their **communication** skills.
  경영자들은 의사소통 기술을 향상시킬 필요가 있다.
- communicate 동 연락하다, 의사소통을 하다

227 text [tekst]
- 명 1 본문 2 글[문서] 동 문자메시지를 보내다
- Here is the full **text** of the speech.
  여기 그 연설의 전문이 있다.
- She **texted** me. 그녀는 내게 문자메시지를 보냈다.

> **Word Link**
> 요즘은 '의사소통(communication)' 수단으로, '문자메시지(text message)'를 많이 이용해요.

›› fairly rapid population growth 상당히 빠른 인구 증가

228 fairly [féərli]
- 부 1 상당히, 꽤 2 공정하게
- She speaks English **fairly** well. 그녀는 영어를 상당히 잘 한다.
- treat everyone **fairly** 모두를 공정하게 대하다
- fair 형 공정한, 공평한; 합리적인, 적당한

229 rapid [rǽpid]
- 형 빠른, 급한, 신속한 ⊕ fast, quick
- We are living in a world of **rapid** change.
  우리는 급속한 변화의 세계에서 살고 있다.
- rapidly 부 빨리, 급속히

230 population [pɑ̀pjuléiʃən]
- 명 인구
- What is the total **population** of Australia? 호주의 총인구는 몇인가요?

231 growth [grouθ]
- 명 1 성장 2 (크기·양 등의) 증가
- Sunlight is needed for plant **growth**. 식물의 성장을 위해 햇빛이 필요하다.
- grow 동 자라다, 성장하다; 기르다

주제 감정

232 annoy [ənɔ́i]
동 짜증나게 하다, 귀찮게 하다
The noise **annoyed** the neighbors. 그 소음은 이웃사람들을 짜증나게 했다.
annoying 형 짜증스러운

233 delighted [diláitid]
형 아주 기뻐[즐거워]하는 ((with, at))
The boy was **delighted** with the new bike. 그 소년은 새 자전거에 아주 기뻐했다.
delight 명 기쁨, 즐거움 동 기쁘게[즐겁게] 하다

234 embarrass [imbǽrəs]
동 당황스럽게[난처하게] 만들다
My silly behavior **embarrassed** my parents.
나의 어리석은 행동은 우리 부모님을 당황스럽게 했다.
embarrassed 형 쑥스러운, 당황스러운   embarrassment 명 당황, 난처

235 emotional [imóuʃənl]
형 1 정서의, 감정의 2 감정적인
Loneliness can lead to **emotional** problems.
외로움은 정서적인 문제들로 이어질 수 있다.
emotion 명 감정

236 excitement [iksáitmənt]
명 흥분, 신남
I couldn't hide my **excitement**. 나는 내 흥분을 숨길 수 없었다.
excite 동 흥분시키다, 들뜨게 하다

237 frighten [fráitn]
동 겁먹게[놀라게] 하다
The story really **frightened** me. 그 이야기는 나를 정말 겁먹게 했다.
frightened 형 겁먹은, 무서워하는

238 pity [píti]
명 1 동정, 연민 2 유감(인 일)
He took **pity** on me and helped me out. 그는 날 불쌍히 여겨 나를 도와줬다.
It's a **pity** that you lost your job. 네가 실직했다니 유감스럽다.
Plus+ · take[have] pity on ~을 불쌍히 여기다

239 let down
실망시키다 ≒ disappoint
He canceled his concert and **let** his fans **down**.
그는 자신의 콘서트를 취소했고 팬들을 실망시켰다.

240 look up to
~을 존경하다, ~을 우러러보다 ≒ admire, respect
I **look up to** my mother and often ask her for advice.
나는 내 어머니를 존경하여 자주 그녀의 조언을 구한다.

048

DAILY TEST

[01~07] 다음 우리말과 같은 뜻이 되도록 빈칸에 알맞은 단어를 쓰세요.

01 그 연설의 전문   the full _____ of the speech
02 대중의 지지를 얻다   gain public _____
03 급속한 변화의 세계   a world of _____ change
04 장벽들을 세우다   put up _____
05 방을 정돈하다   _____ up a room
06 그 지하실에 음식을 보관하다 store food in the _____
07 호주의 총인구   the total _____ of Australia

[08-12] 다음 괄호 안의 단어를 문맥에 맞게 알맞은 형태로 바꾸어 빈칸에 쓰세요.

08 Managers need to improve their _____ skills. (communicate)
09 Sunlight is needed for plant _____. (grow)
10 The boy was _____ with the new bike. (delight)
11 She speaks English _____ well. (fair)
12 We studied the _____ differences between America and Europe. (culture)

감정

[13~20] 다음 빈칸에 알맞은 단어를 넣어, 이야기를 완성하세요.

My sister Anna ¹³_____ me so much. She was ¹⁴_____ when we went to the amusement park. She was full of ¹⁵_____ and wanted to ride a roller coaster. I said it would ¹⁶_____ her. Anna usually ¹⁷_____ _____ _____ me, but she didn't listen. She was crying when we came out. She ¹⁸_____ me in front of my friends! She is too ¹⁹_____. I just laughed. Then Mom said, "You should have looked after her. You ²⁰_____ her _____."

내 여동생 안나는 나를 너무 ¹³짜증나게 한다. 우리가 놀이공원에 갔을 때 그녀는 ¹⁴매우 기뻐했다. 그녀는 ¹⁵흥분으로 가득 찼고 롤러코스터를 타고 싶어했다. 나는 그것이 그녀를 ¹⁶겁먹게 할 것이라고 말했다. 안나는 보통 나를 ¹⁷우러러보지만, 내 말을 듣지 않았다. 우리가 나왔을 때 그녀는 울고 있었다. 그녀는 내 친구들 앞에서 나를 ¹⁸당황하게 만들었다! 그녀는 너무 ¹⁹감정적이다. 나는 그냥 웃었다. 그러자 엄마가 말했다. "너는 동생을 돌봤어야 했어. 너는 그녀를 ²⁰실망시켰어."

REVIEW TEST　DAY 06~10

정답 p.149

A 덩어리 표현　우리말에 맞게 빈칸을 채워 핵심 표현을 완성하세요.

01 _____ in a _____ manner　자신감 있는 태도로 행동하다

02 _____ the curiosity of an _____　관객의 호기심을 충족시키다

03 have a _____ _____　기분 좋은 대화를 나누다

04 _____ a fee of $20 _____ client　고객 당 20달러의 수수료를 포함하다

05 well _____ of the risk of _____　감염 위험에 대해 잘 알고 있는

06 all _____ have a _____ to pay taxes　모든 시민들에겐 세금을 낼 의무가 있다

07 the _____ type who shows no _____　감정을 표현하지 않는 조용한 타입

08 _____ used for _____ purposes　주로 교육 목적으로 사용되는

09 impressed by his _____ for _____　건축에 대한 그의 열정에 감명받은

10 _____ good _____　행운을 상징하다

11 some sort of _____ _____ in your hair　머리카락에 뭔가 끈적거리는 것

12 do _____ damage to the construction _____　건설 산업에 막대한 피해를 주다

13 _____ these _____　이 상품들을 비교하다

14 _____ people with _____ tricks　사람들을 바보 같은 장난으로 즐겁게 하다

15 _____ structures _____ a city　콘크리트 구조물이 도시를 둘러싸다

16 _____ improve _____ performance　학업 성적을 차츰 향상시키다

17 offer _____ _____　계속적인 지원을 제공하다

18 _____ me to tidy up the _____　지하실을 정리하라고 내게 일러주다

19 a _____ _____ to communication　의사소통의 문화적 장벽

20 fairly rapid _____ _____　상당히 빠른 인구 증가

B 주제별 어휘 — 우리말에 맞게 빈칸을 채워 문장을 완성하세요.

자연과 환경

01 Our weather is changing because we _____ the air.
우리가 공기를 오염시키기 때문에 우리의 날씨가 변하고 있다.

02 This _____ _____ poor _____.
이것이 형편없는 수확들[흉작]을 야기한다.

03 Who ends up _____ _____ these chemicals?
결국 누가 이 화학물질을 먹고 살게 되는가?

언어와 표현

04 I _____ for the German Football Association. .
나는 독일 축구 협회를 위해 통역을 한다.

05 GFA _____ _____ the German Football Association.
GFA는 독일 축구 협회를 나타낸다.

06 I _____ hotels, activities, and restaurants they might like.
나는 그들이 좋아할 만한 호텔들, 활동들, 그리고 식당들을 제안한다.

동작

07 Mom is _____ around, as usual.
엄마는 평소처럼 급하게 움직이고 있다.

08 I sit on the _____ and watch her.
나는 그네에 앉아 그녀를 지켜본다.

09 The dog _____ the burgers in the soil.
그 개는 그 햄버거들을 땅에 묻는다.

종교와 사회

10 It is a _____ that we are here.
우리가 여기에 있다는 것은 기적이다.

11 My family _____ from Ukraine last year.
우리 가족은 작년에 우크라이나에서 이주했다.

12 Our _____ _____ our journey to England.
우리 신부님은 우리의 영국으로의 이동을 준비해 주었다.

감정

13 My sister _____ me so much.
내 여동생은 나를 너무 짜증나게 한다.

14 She was full of _____ and wanted to ride a roller coaster.
그녀는 흥분으로 가득 찼고 롤러코스터를 타고 싶어했다.

15 She usually _____ _____ _____ me.
그녀는 보통 나를 우러러본다.

DAY 01~10　CUMULATIVE TEST

[01~30] 다음 단어의 뜻을 쓰세요.

01 aim
02 yawn
03 talent
04 apply
05 bully
06 depressed
07 bare
08 trace
09 voluntary
10 talented
11 transfer
12 pleasure
13 overcome
14 liquid
15 announce
16 crowd
17 exclude
18 layer
19 duty
20 universal
21 silence
22 sort
23 damage
24 rush
25 compare
26 amuse
27 gradually
28 support
29 remind
30 growth

[31~40] 다음 뜻을 가진 단어를 쓰세요.

31 달성하다, 성취하다
32 탐욕스러운, 욕심 많은
33 참여[참가]하다
34 해외에(서), 해외로
35 축축한, 눅눅한
36 호기심
37 통로
38 건설, 공사
39 갈라진 틈; 격차
40 상당히, 꽤; 공정하게

[41~45] 다음 숙어의 뜻을 쓰세요.

41 date back to
42 look forward to
43 stand for
44 feed on
45 let down

Know More

영어 이야기 1

줄임말 이야기

우리와 마찬가지로, 외국인들도 인터넷과 문자에서 줄임말을 많이 써요. 유용한 영어 줄임말을 살펴볼까요?

NVM Never Mind
신경 쓰지마, 아무것도 아냐

무슨 말을 친구에게 했다가 아차 싶어서 '아, 아무것도 아니야, 됐어.' 라고 말하고 싶을 때 쓸 수 있어요.

ETA Estimated Time of Arrival
도착 예정 시간

"What's your ETA?"는 "너 언제쯤 도착해?"라는 의미로, 대략적인 도착 시간을 물을 때 사용해요.

ASAP As Soon As Possible
가능한 빨리

문자메시지나 이메일에 많이 사용해요. "Please call me back ASAP."는 "가능한 한 빨리 전화 줘."라는 뜻이에요.

BRB Be Right Back
금방 돌아올게

채팅을 하던 중에 잠깐 자리를 비워야 할 때 사용해요. "I'm going to the toilet, BRB."는 "나 화장실 가려고, 금방 돌아올게."라는 뜻이에요.

TTYL Talk To You Later
나중에 얘기해

"나중에 또 얘기하자!"하고 대화를 끝낼 때 인사말로 쓰는 표현이에요.

OMG Oh My God
어머나, 세상에

실제로 원어민들이 쓰는 느낌은 한국식으로 '헐~' 정도의 느낌이에요.

BTW By The Way
그런데

문자메시지를 보낼 때 자주 쓰는 표현으로, 화제 전환 시에 사용해요. "I love that movie, btw."는 "그건 그렇고, 나는 그 영화를 정말 좋아해."라는 뜻이에요.

FYI For Your Information
참고로

메시지뿐만 아니라 실생활의 대화에서도 많이 쓰이는 표현이에요. 상대방에게 추가로 정보를 전달할 때, 문장의 맨 앞에 붙여 사용해요.

DAY 11

>> **consult** a **lawyer** for **legal** advice 법률적 조언을 위해 변호사에게 상담하다

241 **consult**
[kənsʌ́lt]

동 상담[상의]하다
He **consulted** the doctor about his chest pain.
그는 자신의 가슴 통증에 대해 그 의사와 상담했다.
She sold the car without **consulting** me. 그녀는 나와 상의 없이 그 차를 팔았다.

242 **lawyer**
[lɔ́ːjər]

명 변호사
With help from his **lawyer**, he didn't go to jail.
그는 자기 변호사의 도움으로 감옥에 가지 않았다.

참고 law 법, 법률

243 **legal**
[líːgəl]

형 1 법률의 2 합법적인 반 illegal
This document has a lot of difficult **legal** words.
이 서류에는 어려운 법률 단어들이 많이 있다.
the **legal** owner of the land 그 땅의 합법적인 주인

legally 부 법률적으로

>> **forecast** a **hurricane path** 허리케인 진로를 예측하다

244 **forecast**
[fɔ́ːrkæ̀st]

명 예측, 예보 유 prediction   동 예측[예보]하다 유 predict
Did you check the weather **forecast**? 너는 일기 예보를 확인했니?
forecast the future 미래를 예측하다

245 **hurricane**
[hə́ːrəkèin]

명 허리케인 유 typhoon
The **hurricane** flooded our town. 그 허리케인이 우리 마을을 물에 잠기게 했다.

Word Link
허리케인 같은 폭풍을 쫓아다니며 그것을 관찰하는 사람을 '폭풍 추적자(storm chaser)'라고 해요.

246 **chase**
[tʃeis]

동 1 뒤쫓다, 추적하다 2 추구하다
명 추적[추격]
The police **chased** the thief but lost him.
경찰이 그 도둑을 쫓았지만 그를 놓쳐버렸다.

247 **path**
[pæθ]

명 1 (밟아서 생긴) 길, 오솔길 2 진로
I followed a **path** through the trees. 나는 그 나무들 사이로 난 오솔길을 따라갔다.
The fire burned everything in its **path**.
그 불은 그것이 가는 진로에 있는 모든 것을 태워버렸다.

» attract barely any attention 거의 주목을 끌지 못하다

248 attract [ətrǽkt]
동 1 끌어들이다 2 (주의·흥미를) 끌다
Light **attracts** insects. 빛은 벌레들을 끌어들인다.
attract a lot of interest 많은 관심을 끌다
attractive 형 매력적인, 멋진   **attraction** 명 명소[명물]; 끄는 힘, 매력(적인 요소)

249 barely [béərli]
부 1 간신히, 가까스로 2 거의 ~않게   ⓢ hardly
He **barely** survived the plane crash. 그는 비행기 추락 사고에서 간신히 살아남았다.
Please speak loudly. I can **barely** hear you.
크게 말해주세요. 당신의 말이 거의 안 들려요.

250 attention [əténʃən]
명 주의, 주목
You need to pay more **attention** in class. 너는 수업 시간에 더 주의를 기울여야 해.
Plus+ · pay attention (to ~) (~에) 주의[주목]하다

» a mission to explore the solar system 태양계를 탐험하기 위한 임무

251 mission [míʃən]
명 임무, 사명
The police completed the rescue **mission** successfully.
경찰은 그 구조 임무를 성공적으로 완료했다.

252 explore [ikspló:r]
동 1 탐험[답사]하다 2 조사[탐구]하다   ⓢ examine
They **explored** the town on foot. 그들은 걸어서 그 마을을 답사했다.
explore a question 문제를 조사하다
exploration 명 탐사, 답사, 탐험   **explorer** 명 탐험가

253 solar [sóulər]
형 태양의; 태양에 의해 생기는
get electricity from **solar** energy 태양 에너지로부터 전기를 얻다
참고 lunar 달의

254 system [sístəm]
명 1 제도, 체제 2 체계, 시스템
The US health care **system** is the most expensive in the world.
미국의 건강 보험 제도는 세계에서 가장 비싸다.

255 universe [jú:nəvə̀:rs]
명 (the ~) 우주
There are many stars and planets in the **universe**. 우주에는 많은 별들과 행성들이 있다.

Word Link
태양과 8개의 '행성(planet)'이 있는 '태양계(solar system)'는 '우주(universe)' 안에 있어요.

DAY 11

주제 문학과 예술

256 classical
[klǽsikəl]

형 고전주의의, 고전적인

What is the difference between **classical** ballet and modern dance?
고전주의 발레와 현대 무용의 차이점은 무엇인가요?

classic 형 걸작의, 고전적인; 전형적인 명 (책·음악 등의) 고전

257 exhibit
[igzíbit]

동 전시하다 ⊕ display 명 전시품

The art gallery **exhibits** Monet's paintings. 그 미술관은 모네의 그림들을 전시한다.
Do not touch the **exhibits**. 그 전시품들에 손대지 마십시오.

exhibition 명 전시회; 전시

258 script
[skript]

명 대본, 각본

She sent her **script** to several movie directors.
그녀는 자신의 대본을 몇몇의 영화 감독들에게 보냈다.

259 imagination
[imædʒənéiʃən]

명 상상력

Books help children develop their **imaginations**.
책은 아이들이 그들의 상상력들을 키우는 데 도움을 준다.

imagine 동 상상하다

260 narrator
[nǽreitər]

명 서술자, 내레이터

In this book, the **narrator** is a teenager. 이 책에서, 서술자는 10대이다.
The documentary's **narrator** is a famous movie actor.
그 다큐멘터리의 내레이터는 유명한 영화배우다.

narrate 동 이야기를 하다[들려주다]   **narration** 명 서술; (영화 등의) 내레이션

261 touching
[tʌ́tʃiŋ]

형 감동적인

The movie is a **touching** story about love.
그 영화는 사랑에 대한 감동적인 이야기다.

262 rhythm
[ríðm]

명 리듬, 율동

The children are dancing to the **rhythm** of the music.
그 아이들은 그 음악의 리듬에 맞춰 춤을 추고 있다.

263 based on

~에 근거하여[기초하여]

The movie is **based on** a true story. 그 영화는 실화를 바탕으로 하고 있다.

264 come up with

~을 생각해 내다 ⊕ think of

He **came up with** a great idea for his new novel.
그는 자신의 새 소설을 위한 좋은 아이디어를 생각해 냈다.

DAILY TEST

정답 p.150

[01~12] 영어는 우리말로, 우리말은 영어로 쓰세요.

01 forecast _____
02 path _____
03 barely _____
04 system _____
05 chase _____
06 solar _____

07 변호사 _____
08 임무, 사명 _____
09 상담[상의]하다 _____
10 우주 _____
11 허리케인 _____
12 주의, 주목 _____

[13~16] 다음 괄호 안에서 알맞은 말을 고르세요.

13 They (exploration / explored) the town on foot.

14 In this book, the (narrator / narrate) is a teenager.

15 Light (attractive / attracts) insects.

16 This document has a lot of difficult (legal / legally) words.

문학과 예술

[17~24] 다음 빈칸에 알맞은 단어를 넣어, 이야기를 완성하세요.

This is such a cool project! We're at the museum, looking at the ¹⁷_____ Roman statues. We have to look around and find our favorite ¹⁸_____. Then we ¹⁹_____ _____ _____ a play ²⁰_____ _____ the statue. We'll have to use our ²¹_____, I guess! I'm hoping to be the ²²_____ of our play. Lisa will write the ²³_____. She's good at rapping, so our play is sure to have a great ²⁴_____.

정말 멋진 프로젝트이다! 우리는 박물관에 와서 ¹⁷**고전** 로마 조각상들을 보고 있다. 우리는 주변을 둘러보고 가장 좋아하는 ¹⁸**전시품**을 찾아야 한다. 그런 다음 그 조각상을 ²⁰**바탕으로 한** 연극을 ¹⁹**생각해 낸다**. 우리는 우리의 ²¹**상상력**들을 발휘해야 할 것 같다! 나는 우리 연극의 ²²**내레이터**가 되기를 바라고 있다. 리사가 ²³**대본**을 작성할 것이다. 그녀는 랩을 잘해서 우리의 연극에는 분명 멋진 ²⁴**리듬**이 있을 것이다.

DAY 12

>> **force** myself to stay **awake**, **though** I'm sleepy 졸리지만, 억지로 깨어 있다

265 force
[fɔːrs]

명 힘; 무력   동 강요하다, 억지로 ~을 시키다
She had to use **force** to open the door. 그녀는 그 문을 열기 위해 힘을 써야 했다.
The enemy took the castle by **force**. 적이 무력으로 성을 빼앗았다.
force you to tell the truth 너에게 진실을 말할 것을 강요하다

266 awake
[əwéik]

형 잠들지 않은, 깨어 있는
The noise of the planes kept him **awake**.
그 비행기들의 소음이 그를 잠 못 이루게 했다.
stay **awake** 자지 않고 깨어 있다

267 though
[ðou]

접 비록 ~이지만   유 although
Though it was raining, we went camping.
비록 비가 오고 있는 중이었지만, 우리는 캠핑을 하러 갔다.

>> **yell** in **horror** at the **sight** of something 무언가를 보고 공포감에 소리지르다

268 yell
[jel]

동 고함치다, 소리지르다   명 고함, 외침
They **yelled** at him to stop. 그들은 그에게 멈추라고 소리쳤다.
give a **yell** 고함을 지르다

269 whisper
[wíspər]

동 속삭이다   명 속삭임
She **whispered** something in her sister's ear.
그녀는 여동생의 귀에 뭔가를 속삭였다.
He spoke in a **whisper**. 그는 속삭이듯 말했다.

Word Link
yell은 언성을 높여 말하는 것을, whisper는 가까운 사람에게만 들리도록 조용히 말하는 것을 뜻해요.

270 horror
[hɔ́ːrər]

명 공포(감)
People watched in **horror** as the fire spread.
사람들은 그 불이 번지는 것을 공포 속에 지켜보았다.
horrible 형 끔찍한, 무시무시한, 소름 끼치는

271 sight
[sait]

명 1 시력   유 vision   2 보기, 봄
Pilots must have good **sight**. 조종사들은 시력이 좋아야 한다.
at the **sight** of ~을 보고

normally put a tag on all baggage 보통은 모든 수화물에 태그를 부착한다

272 normally [nɔ́ːrməli]
부 1 보통은, 보통 때는 2 정상적으로
Normally he arrives late, but today he came on time.
보통 그는 늦게 도착하지만, 오늘은 제시간에 왔다.
My car isn't working **normally**. 내 차가 정상적으로 작동하지 않고 있다.
normal 형 보통의, 평범한; 평균의

273 tag [tæg]
명 꼬리표[태그]
He put a name **tag** on his bag. 그는 자신의 가방에 이름표를 붙였다.

274 baggage [bǽgidʒ]
명 짐, 수하물 유 luggage
I lost my **baggage** at the airport. 나는 그 공항에서 내 수하물을 잃어버렸다.

advantages of virtual reality technology 가상 현실 기술의 장점들

275 advantage [ædvǽntidʒ]
명 유리한 점, 이점 반 disadvantage
It's a big **advantage** to be able to speak some Chinese.
중국어를 조금 할 수 있는 것은 대단히 유리한 점이다.

276 virtual [və́ːrtʃuəl]
형 1 사실상의, 거의 ~과 다름없는 2 가상의
She married a **virtual** stranger. 그녀는 거의 남과 다름없는 사람과 결혼했다.
a **virtual** tour of a museum 박물관 가상 투어
virtually 부 사실상, 거의

277 reality [riǽləti]
명 현실
Time travel may become a **reality**. 시간 여행이 현실이 될지도 모른다.
real 형 (허구가 아닌) 실제의; (가짜가 아닌) 진짜의

278 technology [teknάlədʒi]
명 (과학) 기술
Will **technology** help improve human life?
기술이 인간의 삶을 향상시키는 데 도움을 줄까요?
technological 형 기술의

279 intelligence [intélədʒəns]
명 지능
He is a man of high **intelligence**.
그는 지능이 높은 사람이다.
intelligent 형 총명한; 높은 지능을 갖춘

> **Word Link**
> 최첨단 기술의 산물인 AI는 '인공지능'이라는 뜻으로, Artificial Intelligence의 약어예요.

주제: 일과 직업

280 announcer [ənáunsər]
명 방송 진행자, 아나운서
He is an **announcer** for a local radio station.
그는 지역 라디오 방송국의 아나운서다.
announce 동 발표하다, 알리다

281 crew [kru:]
명 (기차·비행기 따위의) 승무원 (전원)
A **crew** of 20 takes care of 100 passengers.
20명의 승무원이 100명의 승객들을 돌본다.

282 experienced [ikspíəriənst]
형 경험이 있는, 능숙한 반 inexperienced
She is very **experienced** in teaching. 그녀는 가르치는 일에 경험이 많이 있다.
experience 명 경험 동 경험하다, 겪다

283 guard [ɡa:rd]
명 경비[경호]원; 보초 동 지키다, 보호하다
The **guard** stopped us at the gate. 경비원이 정문에서 우리를 막았다.
The police are **guarding** the entrance. 경찰이 입구를 지키고 있다.

284 officer [ɔ́:fisər]
명 1 장교 2 경(찰)관
He served as an **officer** in the army. 그는 군대에서 장교로 복무했다.
a traffic **officer** 교통 경찰관

285 publish [pʌ́bliʃ]
동 출판[발행]하다
He was 40 when his first novel was **published**.
그의 첫 소설이 출판되었을 때 그는 40세였다.
publication 명 출판, 발행; 출판물

286 quit [kwit]
동 (quit-quit) (직장·학교 등을) 그만두다
If you hate your job, why don't you **quit**?
만약 네가 네 일이 싫으면, 왜 그만두지 않는 거니?

287 build up
점점 커지다, 많아지다; ~을 늘리다 유 increase
Our work always **builds up** at the end of the year.
우리 업무는 항상 연말에 많아진다.

288 pay off
1 성과를 거두다 2 ~을 다 갚다
Her hard work **paid off**, and she became a new manager.
그녀의 고된 일은 성과를 거두었고, 그녀는 새 매니저가 되었다.
The company finally **paid off** all its debt.
그 회사는 마침내 모든 빚을 다 갚았다.

DAILY TEST

[01~07] 다음 우리말과 같은 뜻이 되도록 빈칸에 알맞은 단어를 쓰세요.

01 이름표를 붙이다   put a name _____
02 고함을 지르다   give a _____
03 박물관 가상 투어   a _____ tour of a museum
04 자지 않고 깨어 있다 stay _____
05 시력이 좋다   have good _____
06 그 문을 열기 위해 힘을 쓰다 use _____ to open the door
07 속삭이듯 말하다   speak in a _____

[08~10] 다음 짝지어진 두 단어의 관계가 같도록 빈칸에 알맞은 단어를 쓰세요.

08 _____ : luggage = though : although
09 intelligence : intelligent = _____ : real
10 _____ : horrible = technology : technological

일과 직업

[11~16] 다음 빈칸에 알맞은 단어를 넣어, 이야기를 완성하세요.

"I wish I hadn't ^{11}_____ school early," sighed Charlie. "I'm just a security ^{12}_____, and I don't earn much money!"

"We would all like more money," said Brad. "I'm still ^{13}_____ _____ my *student loans, so I don't have money to spare, either!"

"I'm trying to ^{14}_____ _____ some savings," said Charlie. "Then I'll quit my job and train to be a ^{15}_____ member with American Airlines. When I'm ^{16}_____, I could earn $50,000!"

*student loan: 학자금 대출

"학교를 일찍 ^{11}**그만두지** 않았더라면 좋았을 텐데"라고 찰리가 한숨을 쉬었다. "나는 보안 ^{12}**경비원**일 뿐이고, 많은 돈을 벌지 못해!"
"우리 모두는 더 많은 돈을 원하지"라고 브래드가 말했다. "나는 아직 학자금 대출들을 ^{13}**갚고 있어서** 돈의 여유가 없어!"
"나는 저축을 좀 ^{14}**많이 하려고** 노력 중이야"라고 찰리가 말했다. "그럼 나는 직장을 그만두고 아메리칸 항공에서 ^{15}**승무원** 훈련을 받을 거야. 내가 ^{16}**경험이 풍부할** 때, 50,000달러를 벌 수 있어!"

DAY 13

>> **unfortunately** slip and **injure** your leg 불행하게도 미끄러져 다리를 다치다

289 **unfortunately**
[ʌnfɔ́ːrtʃənətli]

뷔 불행하게도, 유감스럽게도 빤 fortunately
Unfortunately, the team's star player got sick and can't play in the final. 유감스럽게도, 그 팀의 인기 선수는 아파서 결승전에서 뛸 수 없다.

290 **slip**
[slip]

동 미끄러지다
She **slipped** on the ice. 그녀는 얼음 위에서 미끄러졌다.
slippery 형 미끄러운, 미끈거리는

291 **injure**
[índʒər]

동 부상을 입히다 hurt, wound
He **injured** his leg in a car accident. 그는 자동차 사고로 다리에 부상을 입었다.
injury 명 부상

>> **produce** electric vehicles/devices 전기차를/전기 장치를 생산하다

292 **produce**
[prədúːs]

동 1 생산[제조]하다 2 (결과 등을) 낳다
This factory **produces** about 1,000 cars in a day.
이 공장은 하루에 약 천 대의 자동차를 생산한다.
produce good results 좋은 결과를 낳다
production 명 생산; 생산량   **productive** 형 생산적인, (특히 대량으로) 생산하는

293 **electric**
[iléktrik]

형 전기의; 전기를 이용하는
We pay our **electric** bill every month. 우리는 매달 전기세를 납부한다.
an **electric** stove/heater 전기 스토브[레인지]/난로
electricity 명 전기, 전력

294 **vehicle**
[víːikl]

명 차량, 탈것
The **vehicle**'s driver was injured in the crash.
그 차량의 운전자는 충돌 사고로 부상을 입었다.

295 **device**
[diváis]

명 (기계적) 장치[기구]
The company makes medical **devices** such as X-rays.
그 회사는 엑스레이 같은 의료 기구들을 만든다.
a safety **device** 안전 장치

062

≫ my motto is "never judge by appearances" 내 좌우명은 "절대 외모로 판단하지 말라"이다

296 motto [mátou]
명 좌우명, 모토
The school's **motto** is "Study hard and play hard."
그 학교의 모토는 "열심히 공부하고 열심히 놀아라"이다.

297 judge [dʒʌdʒ]
동 판단하다 명 재판관, 판사
Don't **judge** a book by its cover. 표지만 보고 책을 판단하지 마라.
judgment 명 판단, 평가

298 appearance [əpíərəns]
명 1 (겉)모습, 외모 2 등장, 출현
This dog has a friendly **appearance**. 이 개는 친근한 외모를 갖고 있다.
I was surprised by his sudden **appearance**. 나는 그의 갑작스러운 등장에 놀랐다.
appear 동 나타나다; ~인 것 같다

≫ the historical value of the Statue of Liberty 자유의 여신상의 역사적 가치

299 historical [histɔ́ːrikəl]
형 역사(상)의, 역사적
The crown is on display in a **historical** museum.
그 왕관은 역사 박물관에 전시되어 있다.
history 명 역사

300 value [vǽljuː]
명 1 (금전적) 가치 2 가치, 중요성
The **value** of the house continues to fall. 그 집의 가치가 계속 떨어지고 있다.
valuable 형 값비싼; 소중한, 귀중한

301 statue [stǽtʃuː]
명 조각상
There are some stone **statues** in front of the museum.
그 박물관 앞에는 몇 개의 돌 조각상들이 있다.

302 liberty [líbərti]
명 자유, 해방 ≒ freedom
The slaves dreamed of **liberty**. 그 노예들은 자유에 대해 꿈꿨다.

303 independence [ìndipéndəns]
명 독립, 자립 ↔ dependence
His grandfather fought for **independence** from Japan.
그의 할아버지는 일본으로부터의 독립을 위해 싸웠다.
independent 형 (국가가) 독립한; 자립심이 강한, 자립적인

> **Word Link**
> 식민국가는 점령국으로부터 '해방(liberty)' 후, 자력이 가능한 '독립국(independent country)'이 돼요.

주제 ▶ 일상생활

304 appointment [əpɔ́intmənt]
명 (만날) 약속, 예약
I'd like to make an **appointment** with the dentist. 치과 예약을 하고 싶습니다.
Plus+ · make an appointment (with) (~와) 만날 약속을 하다[잡다]

305 strip [strip]
동 (옷을) 벗다[벗기다] ⊕ undress 명 가늘고 긴 조각
He **stripped** and got into the shower. 그는 옷을 벗고 샤워실로 들어갔다.
a **strip** of cloth 가늘고 긴 천 조각

306 stripe [straip]
명 줄무늬
She is wearing a white shirt with black **stripes**.
그녀는 검은 줄무늬가 있는 흰 셔츠를 입고 있다.

307 rinse [rins]
동 씻다; 씻어 내다[헹구다]
There was no soap, so I just **rinsed** my hands with water.
비누가 없어서 나는 그냥 물로 손을 씻었다.
Rinse your mouth with warm water. 따뜻한 물로 입을 헹궈라.

308 switch [switʃ]
동 전환하다, 바꾸다 ⊕ change 명 1 스위치 2 전환, 변경
Stop **switching** channels! 채널 바꾸는 거 그만해!
turn on/off the light **switch** 전등 스위치를 켜다/끄다
a **switch** of opinion 의견 전환

309 package [pǽkidʒ]
명 꾸러미, 소포 ⊕ parcel
Please handle this **package** with care.
이 소포를 주의해서 다뤄주세요.

310 suck [sʌk]
동 1 빨아먹다; 빨다 2 빨아들이다
I **sucked** the juice through a straw. 나는 빨대로 그 주스를 빨아먹었다.
The fan **sucks** smoke from the air. 그 환풍기는 공기 중에서 연기를 빨아들인다.

311 make room
공간을 만들다
We **made room** for a new sofa in the living room.
우리는 거실에 새 소파를 놓을 공간을 만들었다.

312 run out of
~이 다 떨어지다, ~을 다 쓰다
I **ran out of** milk and had to borrow some from my neighbor.
나는 우유가 다 떨어져서 내 이웃으로부터 조금 빌려야 했다.

DAILY TEST

정답 p.150

[01~12] 영어는 우리말로, 우리말은 영어로 쓰세요.

01 device _____
02 judge _____
03 unfortunately _____
04 motto _____
05 vehicle _____
06 package _____
07 미끄러지다 _____
08 독립, 자립 _____
09 자유, 해방 _____
10 역사(상)의, 역사적 _____
11 부상을 입히다 _____
12 조각상 _____

[13~14] 다음 짝지어진 단어의 관계가 나머지와 <u>다른</u> 하나를 고르세요.

13 ⓐ independent – independence   ⓑ historical – history
    ⓒ valuable – value   ⓓ slip – slippery

14 ⓐ injure – injury   ⓑ electric – electricity
    ⓒ produce – production   ⓓ appear – appearance

일상생활

[15~21] 다음 빈칸에 알맞은 단어를 넣어, 대화를 완성하세요.

A: Can you ¹⁵_____ _____ for me in the car? I have an ¹⁶_____ in town this afternoon. I also ¹⁷_____ _____ _____ *packing tape. I need a ¹⁸_____ of tape for a ¹⁹_____ that I'm sending back. I'm returning the red sweater with the blue ²⁰_____.

B: No problem. Sit in the back with James.

A: May I ²¹_____ places and sit in the front, please? I get car sick.

*packing tape: 포장(용) 테이프

A: 차에 저를 위한 ¹⁵**공간을 만들어** 주실 수 있나요? 오늘 오후에 시내에 ¹⁶**약속**이 있어요. 포장용 테이프도 ¹⁷**다 떨어졌어요**. 저는 반송할 ¹⁹**소포**에 사용할 ¹⁸**가늘고 긴 조각**의 테이프가 필요해요. 파란 ²⁰**줄무늬들**이 있는 빨간 스웨터를 반품하려 해요.
B: 문제없어요. 제임스와 함께 뒤쪽에 앉으세요.
A: 자리를 ²¹**바꿔서** 앞쪽에 앉아도 될까요? 제가 차 멀미를 해서요.

DAY 14

>> **consider** all **available** options 구할 수 있는 모든 옵션을 고려하다

313 consider [kənsídər]
동 1 고려[숙고]하다 2 ~로 여기다
We are **considering** moving to the city. 우리는 도시로의 이사를 고려 중이다.
I **consider** him a great writer. 나는 그를 훌륭한 작가로 여긴다.
consideration 명 사려, 숙고

314 available [əvéiləbl]
형 구할[이용할] 수 있는
This is the only room **available** in the hotel.
이것이 그 호텔에서 구할 수 있는 유일한 방이다.

315 option [ápʃən]
명 선택(할 수 있는 것); 선택권
Going to college is not an **option** for me.
대학 진학은 내가 선택할 수 있는 것이 아니다.
optional 형 선택적인

>> the **average temperature** at the North **Pole** 북극의 평균 온도

316 average [ǽvəridʒ]
형 1 평균의 2 보통의 명 1 평균 2 보통 (수준)
What is the **average** rainfall in this area? 이 지역의 평균 강수량은 얼마인가요?
The **average** family spends about $100 a week on food.
보통의 가정은 식비로 일주일에 100달러를 쓴다.
above/below **average** 평균 이상/이하

317 temperature [témpərətʃər]
명 온도, 기온
The **temperature** of the water was perfect for swimming.
그 물의 온도는 수영하기에 완벽했다.

318 pole [poul]
명 1 막대기, 기둥 2 (지구의) 극
We connected the **poles** of the tent. 우리는 텐트의 기둥들을 연결했다.
the North/South **Pole** 북극/남극

319 polar [póulər]
형 북극[남극]의, 극지방의
Polar bears live in cold areas.
북극곰은 추운 지역에서 산다.

Word Link
pole(지구의 극) + 형용사형 접미사 -ar(성질) → polar(극지방의)

›› sail in exactly the opposite direction 정확히 반대 방향으로 항해하다

320 sail [seil]
동 항해하다 명 (배의) 돛
The ship **sailed** across the sea. 그 배는 바다를 가로질러 항해했다.

321 exactly [igzǽktli]
부 정확히, 꼭
I can't remember **exactly** what he said.
그가 무슨 말을 했는지 나는 정확히 기억할 수 없다.
exact 형 정확한, 정밀한

322 opposite [ápəzit]
전 건너편[맞은편]에 형 1 건너편[맞은편]의 2 (정)반대의
He sat **opposite** her. 그는 그녀의 맞은편에 앉았다.
The store is on the **opposite** side of the street. 그 가게는 길 건너편 쪽에 있다.

323 direction [dirékʃən]
명 1 방향 2 (-s) 명령, 지시
Which **direction** did they go? 그들은 어느 방향으로 갔나요?
follow **directions** 지시를 따르다
direct 형 직접적인 동 지휘[총괄]하다; (길을) 안내하다, 가리키다

›› require both physical and mental strength 체력과 정신력 둘 다를 필요로 하다

324 require [rikwáiər]
동 1 필요로 하다 ⊕ need 2 (법·규칙 등이) 요구하다
Plants **require** water to grow. 식물은 자라기 위해 물을 필요로 한다.
The law **requires** everyone to pay the tax. 법은 모두가 세금을 낼 것을 요구한다.
requirement 명 필요한 것, 필요조건

325 physical [fízikəl]
형 신체[육체]의 ⊕ mental
I enjoy **physical** activities such as sports and dance.
나는 스포츠와 댄스 같은 신체 활동을 좋아한다.
physically 부 신체적으로

326 mental [méntl]
형 정신의, 정신적인 ⊕ physical
Travel is good for your **mental** health. 여행은 정신 건강에 좋다.
mentally 부 정신적으로

327 strength [streŋkθ]
명 1 힘, 기운 ⊕ weakness 2 강점 ⊕ weakness
I didn't even have the **strength** to stand up. 나는 일어설 힘조차 없었다.
Honesty is her **strength**. 정직함은 그녀의 장점이다.
strong 형 힘센, 강한

주제 경제

328 predict [pridíkt]
동 예측[예견]하다
Experts **predict** that the market situation will improve.
전문가들은 시장 상황이 개선될 것으로 예측한다.
prediction 명 예측, 예견

329 discount [dískaunt]
명 할인
If you have a coupon, you can get a 10% **discount**.
쿠폰이 있으면, 10퍼센트 할인을 받을 수 있다.

330 found [faund]
동 설립하다 ↔ establish
The car company was **founded** 25 years ago.
그 자동차 회사는 25년 전에 설립되었다.
foundation 명 설립

331 signature [sígnətʃər]
명 서명
I need your **signature** on the receipt. 영수증에 당신의 서명이 필요합니다.

332 supply [səplái]
명 공급(량) 동 공급[제공]하다
Clean water is in short **supply**. 깨끗한 물의 공급이 부족하다.
The farm **supplies** apples to local markets.
그 농장은 지역 시장들에 사과를 공급한다.
Plus+ · be in short supply 공급이 부족하다

333 bunch [bʌntʃ]
명 다발, 송이, 묶음 ↔ bundle
They sell a **bunch** of roses for 100 dollars.
그들은 장미꽃 한 다발을 100달러에 판다.

334 function [fʌ́ŋkʃən]
명 기능 동 (제대로) 기능하다[작동하다]
The main **function** of a business is to produce goods.
비즈니스의 주요 기능은 상품을 생산하는 것이다.
Factories cannot **function** without electricity.
공장들은 전기 없이 제대로 기능할 수 없다.

335 keep on v-ing
계속 ~하다
House prices will **keep on** rising. 집값이 계속 오를 것이다.

336 fall short of
~에 못 미치다, ~이 부족하다
This year's sales **fell short of** expectations.
올해 매출은 기대에 미치지 못했다.

DAILY TEST

정답 p.150

[01~10] 영어는 우리말로, 우리말은 영어로 쓰세요.

01 opposite _____
02 average _____
03 mental _____
04 require _____
05 pole _____

06 방향; 명령, 지시 _____
07 온도, 기온 _____
08 북극[남극]의, 극지방의 _____
09 항해하다; (배의) 돛 _____
10 구할[이용할] 수 있는 _____

[11~15] 다음 밑줄 친 부분을 문맥에 맞게 고쳐 쓰세요.

11 I can't remember <u>exact</u> what he said.

12 I didn't even have the <u>strong</u> to stand up.

13 We are <u>consideration</u> moving to the city.

14 Going to college is not an <u>optional</u> for me.

15 I enjoy <u>physically</u> activities such as sports and dance.

경제

[16~23] 다음 빈칸에 알맞은 단어를 넣어, 이야기를 완성하세요.

To ¹⁶_____ a business is a challenge. To ¹⁷_____ _____ going is even harder. I ¹⁸_____ that my customers would rush to buy my ¹⁹_____ TVs. It started well – I ²⁰_____ twenty to a nearby hotel. Then I sold a ²¹_____ of TVs to the local school. But in the end, my profits ²²_____ _____ _____ my targets. Half of the TVs didn't ²³_____ properly. I had to return my customers' money!

사업체를 ¹⁶**설립하는** 것은 어려운 일이다. ¹⁷**계속하는** 것은 더욱 어렵다. 나는 고객들이 내 ¹⁹**할인** 텔레비전을 사려고 몰려들 것이라고 ¹⁸**예측했다**. 시작은 좋았다. 나는 근처 호텔에 20개를 ²⁰**공급했다**. 그런 다음 지역 학교에 한 ²¹**묶음**의 텔레비전을 팔았다. 그러나 결국 내 수익은 나의 목표에 ²²**미치지 못했다**. 텔레비전의 절반이 제대로 ²³**작동하지** 않았다. 나는 고객들의 돈을 돌려줘야 했다.

DAY 14 • 069

DAY 15

▶▶ provide maximum comfort 최대한의 안락함을 제공하다

337 provide [prəváid]
동 제공[공급]하다 유 supply
The company **provided** the workers with new uniforms.
그 회사는 직원들에게 새로운 유니폼을 제공했다.
Plus+ · provide A with B A에게 B를 제공하다

338 maximum [mǽksəməm]
형 최고[최대]의 반 minimum 명 최고, 최대 반 minimum
The **maximum** speed of this car is 240 km per hour.
이 자동차의 최고 속도는 시속 240킬로미터이다.
a **maximum** of 30 students in a class 한 반에 최대 30명의 학생들

339 comfort [kʌ́mfərt]
명 1 안락, 편안 2 위로, 위안
These shoes are designed for **comfort**. 이 신발은 편안함을 위해 디자인된 것이다.
take **comfort** from ~에서 위로[위안]을 얻다
comfortable 형 편안한; 안락한

▶▶ oxygen is necessary for survival 산소는 생존을 위해 필요하다

340 oxygen [ɑ́ksidʒen]
명 산소
Blood carries **oxygen** to the brain. 혈액은 산소를 뇌로 운반한다.

341 necessary [nésəsèri]
형 필요한, 필수의 반 unnecessary
It's not **necessary** to wear a tie. 넥타이를 맬 필요가 없다.
necessity 명 필수품; 필요(성)

342 unnecessary [ʌnnésəsèri]
형 불필요한 반 necessary
On a nice day, carrying an umbrella is **unnecessary**.
화창한 날에, 우산을 들고 다니는 것은 불필요하다.

Word Link
un-(부정, 반대) + necessary(필요한) → unnecessary(불필요한)

343 survival [sərváivəl]
명 생존
Many companies are fighting for **survival**. 많은 기업들이 생존을 위해 싸우고 있다.
survive 동 살아남다, 생존하다

lately holding an exhibition of modern sculpture 최근에 현대 조각품에 대한 전시회를 열고 있는

344 lately
[léitli]

부 최근에, 얼마 전에 ⊕ recently

I've been really busy **lately**, so I haven't been sleeping well.
나는 최근에 정말 바빠서, 잠을 잘 못 자고 있다.

late 형 늦은, 지각한 부 늦게

345 exhibition
[èksəbíʃən]

명 1 전시회 ⊕ exhibit 2 전시

There are many famous paintings at the **exhibition**.
그 전시회에는 유명한 그림들이 많이 있다.

exhibit 동 전시하다 명 전시품

346 modern
[mάdərn]

형 현대의, 근대의

Stress is a major problem of **modern** city life.
스트레스는 현대 도시 생활의 주요한 문제이다.

347 sculpture
[skʌ́lptʃər]

명 조각품, 조각

He collects ancient **sculptures**. 그는 고대 조각품들을 수집한다.

conduct a brief survey on saving habits 저축 습관에 대한 간단한 설문 조사를 실시하다

348 conduct
[kəndʌ́kt]

동 (특정한 활동을) 하다, 수행하다 ⊕ carry out
명 [kάndʌkt] 행위, 행동 ⊕ behavior

The doctor is **conducting** research on cancer.
그 의사는 암에 대한 연구를 하고 있다.

violent **conduct** 폭력적인 행동

349 brief
[bri:f]

형 1 (시간이) 짧은, 잠시 동안의 2 간단한

After a **brief** silence, he replied. 짧은 침묵 후에, 그는 대답했다.
a **brief** description of the movie 그 영화에 대한 간단한 묘사

briefly 부 잠시; 간단히

350 survey
[sərvéi]

명 (설문) 조사

The **survey** shows that most Koreans wear seat belts.
그 설문 조사는 대부분의 한국인들이 안전벨트를 착용한다는 것을 보여준다.

351 saving
[séiviŋ]

명 1 (-s) 저축한 돈, 저금 2 절약(한 양)

He spent all his **savings** on a new car. 그는 자신이 저축한 모든 돈을 새 차에 썼다.

save 동 구하다; (돈을) 모으다, 저축하다

주제: 상태묘사

352 disgusting [disgʌ́stiŋ]
형 역겨운, 구역질 나는
The toilet was smelly and **disgusting**. 그 화장실은 냄새나고 역겨웠다.

353 faint [feint]
형 (빛·소리·냄새 등이) 희미한[약한]
I heard the **faint** sound of a car in the distance.
나는 멀리서 희미한 자동차 소리를 들었다.

354 unusual [ʌnjúːʒuəl]
형 특이한, 흔치 않은, 드문 반 common
I have never seen such an **unusual** bird before.
나는 전에 그런 특이한 새를 본 적이 없다.

355 similar [símələr]
형 비슷한, 유사한 유 alike 반 different
Our dogs are **similar** in size. 우리 개들은 크기가 비슷하다.
The brothers look quite **similar**. 그 형제들은 꽤 비슷해 보인다.
similarly 부 비슷하게   similarity 명 유사성; 유사점, 닮은 점

356 uneasy [ʌníːzi]
형 1 불안한 유 worried 2 어수선한, 불편한 유 uncomfortable
Heavy rain made the pilot **uneasy**. 폭우가 그 조종사를 불안하게 만들었다.
an **uneasy** sleep 어수선한 잠

357 quake [kweik]
동 1 몸을 떨다 2 마구 흔들리다[진동하다]
He **quaked** with fear. 그는 공포에 몸을 떨었다.
The ground **quaked** for 20 seconds without stopping.
땅이 20초 동안 멈추지 않고 흔들렸다.
참고 quake는 earthquake의 일상적인 표현으로, '지진'을 뜻하기도 함

358 unlike [ʌnláik]
전 1 ~와 다른 2 ~답지 않은
She is very shy **unlike** her little sister.
그녀는 자신의 여동생과 달리 수줍음이 매우 많다.
It is **unlike** you to be quiet. 조용한 것은 너답지 않다.

359 be sick of
~에 싫증이 나다 유 be tired of
She **is sick of** practicing the flute.
그녀는 플루트를 연습하는 것에 싫증이 나 있다.

360 side by side
나란히
The children are sitting **side by side** on the sofa.
그 아이들은 그 소파 위에 나란히 앉아 있다.

DAILY TEST

정답 p.150

[01~08] 다음 우리말과 같은 뜻이 되도록 빈칸에 알맞은 단어를 쓰세요.

01 산소를 뇌로 운반하다   carry _____ to the brain

02 폭력적인 행동   violent _____

03 생존을 위해 싸우다   fight for_____

04 위로[위안]을 얻다   take _____

05 그 영화에 대한 간단한 묘사   a _____ description of the movie

06 고대 조각품들을 수집하다   collect ancient _____

07 현대 도시 생활   _____ city life

08 최대 30명의 학생들   a _____ of 30 students

[09~11] 다음 밑줄 친 부분의 반의어를 골라 연결하세요.

09 I have never seen such an <u>unusual</u> bird before. •   • ⓐ necessary

10 The brothers look quite <u>similar</u>. •   • ⓑ different

11 On a nice day, carrying an umbrella is <u>unnecessary</u>. •   • ⓒ common

상태묘사
[12~19] 다음 빈칸에 알맞은 단어를 넣어, 이야기를 완성하세요.

Paul gave me an ¹²_____ smile as he opened the kitchen door. I ¹³_____ as I followed him in. A ¹⁴_____ smell of fish greeted us. Two ¹⁵_____ bowls were lying ¹⁶_____ _____ _____ on the table. The vegetables in them didn't look fresh at all. In fact, they were all *rotten. A ¹⁷_____ bowl lay broken on the floor. "I'm ¹⁸_____ _____ working here," said Paul. "This café is ¹⁹_____."

*rotten: 썩은, 부패한

폴은 부엌 문을 열면서 나에게 ¹²**불안한** 미소를 지었다. 나는 그를 따라 들어가면서 ¹³**몸이 떨렸다**. ¹⁴**희미한** 생선 냄새가 우리를 맞이했다. 테이블 위에는 ¹⁵**특이한** 그릇 두 개가 ¹⁶**나란히** 놓여 있었다. 그 안에 들어있는 야채들은 전혀 신선해 보이지 않았다. 사실, 그것들은 모두 썩어 있었다. ¹⁷**비슷한** 그릇이 바닥에 깨져 놓여 있었다. "나는 여기서 일하는 것에 ¹⁸**질렸어요**"라고 폴이 말했다. "이 카페는 ¹⁹**역겨워요**."

REVIEW TEST DAY 11~15

정답 p.150

A 덩어리 표현   우리말에 맞게 빈칸을 채워 핵심 표현을 완성하세요.

01 _____ a lawyer for _____ advice   법률적 조언을 위해 변호사에게 상담하다

02 _____ a hurricane _____   허리케인 진로를 예측하다

03 _____ barely any _____   거의 주목을 끌지 못하다

04 a _____ to explore the _____ system   태양계를 탐험하기 위한 임무

05 _____ myself to stay _____, though I'm sleepy   졸리지만, 억지로 깨어 있다

06 _____ in _____ at the sight of something   무언가를 보고 공포감에 소리를 치다

07 _____ put a tag on all _____   보통은 모든 수화물에 태그를 부착한다

08 _____ of virtual reality _____   가상 현실 기술의 장점들

09 _____ slip and _____ your leg   불행하게도 미끄러져 다리를 다치다

10 _____ _____ devices   전기 장치를 생산하다

11 my _____ is "never judge by _____"   내 좌우명은 "절대 외모로 판단하지 말라"이다

12 the _____ _____ of the Statue of Liberty   자유의 여신상의 역사적 가치

13 _____ all _____ options   구할 수 있는 모든 옵션을 고려하다

14 the average _____ at the North _____   북극의 평균 온도

15 _____ in _____ the opposite direction   정확히 반대 방향으로 항해하다

16 _____ both physical and _____ strength   체력과 정신력 둘 다 필요로 하다

17 _____ maximum _____   최대한의 안락함을 제공하다

18 _____ is necessary for _____   산소는 생존을 위해 필요하다

19 lately holding an _____ of modern _____   최근에 현대 조각품에 대한 전시회를 열고 있는

20 conduct a brief _____ on _____ habits   저축 습관에 대한 간단한 설문 조사를 실시하다

B 주제별 어휘 — 우리말에 맞게 빈칸을 채워 문장을 완성하세요.

문학과 예술

01 We're at the museum, looking at the _____ Roman statues.
우리는 박물관에 와서 고전 로마 조각상들을 보고 있다.

02 We'll have to use our _____, I guess!
우리는 우리의 상상력들을 발휘해야 할 것 같아!

03 I'm hoping to be the _____ of our play.
나는 우리 연극의 내레이터가 되기를 바라고 있다.

일과 직업

04 I wish I hadn't _____ school early.
학교를 일찍 그만 두지 않았더라면 좋았을 텐데.

05 I'm just a security _____, and I don't earn much money!
나는 보안 경비원일 뿐이고, 많은 돈을 벌지 못해!

06 I'm still _____ _____ my student loans.
나는 아직 학자금 대출들을 갚고 있다.

일상생활

07 Can you _____ _____ for me in the car?
차에 저를 위한 공간을 만들어 주실 수 있나요?

08 I have an _____ in town this afternoon.
나는 오늘 오후에 시내에 약속이 있다.

09 I'm returning the red sweater with the blue _____.
나는 파란 줄무늬들이 있는 빨간 스웨터를 돌려줄 것이다.

경제

10 To _____ a business is a challenge.
사업체를 설립하는 것은 어려운 일이다.

11 I _____ twenty televisions to a nearby hotel.
나는 근처 호텔에 20개의 텔레비전을 공급했다.

12 My profits _____ _____ _____ my targets.
내 수익은 나의 목표에 미치지 못했다.

상태묘사

13 He gave me an _____ smile as he opened the kitchen door.
그는 부엌 문을 열면서 나에게 불안한 미소를 지었다.

14 A _____ smell of fish greeted us.
희미한 생선 냄새가 우리를 맞이했다.

15 I'm _____ _____ working here.
나는 여기서 일하는 것에 질렸다.

DAY 16

>> a **typhoon sweeps** through the **state** of Florida 태풍이 플로리다 주를 휩쓸다

361 typhoon
[taifúːn]

명 태풍 유 hurricane

A strong **typhoon** hit the village. 강한 태풍이 그 마을을 강타했다.

362 sweep
[swiːp]

동 (swept-swept) 1 쓸다, 청소하다 2 (장소를) 휩쓸다

After the festival, volunteers started to **sweep** the street.
그 축제 후에, 자원봉사자들이 거리를 쓸기 시작했다.

363 state
[steit]

명 1 상태 2 주(州)

He was in a **state** of shock. 그는 충격을 받은 상태였다.
There are fifty **states** in the US. 미국에는 50개의 주(州)가 있다.

>> **prevent environmental pollution** 환경 오염을 예방하다

364 prevent
[privént]

동 막다[예방/방지하다]

Bad weather **prevented** us from leaving. 궂은 날씨로 인해 우리는 떠나지 못했다.

prevention 명 예방, 방지

365 environmental
[invàirənméntl]

형 환경의, 환경과 관련된

Building an airport here will cause serious **environmental** damage.
여기에 공항을 건설하는 것은 심각한 환경적인 피해를 초래할 것이다.

environment 명 (주변의) 환경; (the ~) (자연) 환경

366 pollution
[pəlúːʃən]

명 오염, 공해

Sea turtles are dying because of water **pollution**.
바다 거북이들이 수질 오염으로 죽어가고 있다.

pollute 동 오염시키다

367 dump
[dʌmp]

동 1 (쓰레기 따위를) 버리다 2 털썩 내려놓다
명 (쓰레기) 폐기장

The factory **dumped** waste into the river.
그 공장은 강에 쓰레기를 버렸다.

He **dumped** his clothes on the bed. 그는 침대 위에 자신의 옷을 털썩 내려놓았다.
a garbage **dump** 쓰레기 폐기장

Word Link
'쓰레기 투기(dumping of waste)'는 '환경 오염(environmental pollution)'의 주범이에요.

≫ educate kids about responsible behavior 책임감 있는 행동에 대해 아이들을 교육하다

368 educate
[édʒukèit]

동 교육하다

He was born in Africa but was **educated** in France.
그는 아프리카에서 태어났지만 프랑스에서 교육받았다.

education 명 교육

369 responsible
[rispánsəbl]

형 1 책임이 있는 ((for)) 2 책임지고 있는 ((for))

Who is **responsible** for the accident? 그 사고에 대한 책임이 누구에게 있는가?
I am **responsible** for feeding the dog. 나는 그 개에게 밥 주는 것을 책임지고 있다.

responsibility 명 책임[맡은 일]

370 behavior
[bihéivjər]

명 행동; 품행

The scientist studies the **behavior** of monkeys.
그 과학자는 원숭이들의 행동을 연구한다.

behave 동 행동하다, 처신하다

371 spoil
[spɔil]

동 1 망치다 ⊕ ruin 2 버릇없게 키우다

The rain **spoiled** my vacation.
그 비가 내 휴가를 망쳤다.

Many grandparents **spoil** their grandchildren.
많은 조부모들은 손주들을 버릇없이 키운다.

> **Word Link**
> 잘못된 양육으로 인해 행동이 버릇없는 아이를 일컬어 '응석받이(spoiled child)'라고 해요.

≫ share the community's concern about this virus 이 바이러스에 대한 지역사회의 우려를 공유하다

372 share
[ʃɛər]

동 1 공유하다 2 나누다

I **share** a house with two other people. 나는 두 명의 다른 사람들과 집을 공유한다.
They **shared** the money equally. 그들은 그 돈을 똑같이 나눴다.

373 community
[kəmjúːnəti]

명 1 주민, 지역사회 2 공동체[사회]

I learn English at the **community** center. 나는 그 주민 센터에서 영어를 배운다.
The city has a large Asian **community**. 그 도시에는 큰 아시아 공동체가 있다.

374 concern
[kənsə́ːrn]

명 1 우려, 걱정 2 관심사

There is growing **concern** about pollution. 공해에 대한 우려가 커지고 있다.

375 virus
[váiərəs]

명 1 바이러스; 바이러스성 질환 2 (컴퓨터) 바이러스

The flu is caused by a **virus**. 독감은 바이러스에 의해 야기된다.

| 주제 | **장소** |

376 deserted [dizə́ːrtid]
형 사람이 없는, 인적이 끊긴
The beach is **deserted** in winter.
그 해변은 겨울에 사람이 없다.
desert 동 (사람·장소 등을) 버리다, 떠나다 명 사막

377 decorate [dékərèit]
동 꾸미다, 장식하다
She **decorated** her living room in bright colors.
그녀는 그녀의 거실을 밝은 색으로 꾸몄다.
decoration 명 장식; 장식품

378 laundry [lɔ́ːndri]
명 1 세탁물 2 세탁, 세탁일
I hung out the **laundry** in the backyard. 나는 뒷마당에 빨래를 널었다.
do the **laundry** 세탁을 하다

379 booth [buːθ]
명 작은 공간, 부스
Is there a telephone **booth** around here?
이 근처에 공중전화 부스가 있나요?
an information **booth** 안내소

380 port [pɔːrt]
명 항구
The fishing boat came into **port** at noon. 정오에 그 낚싯배가 항구에 들어왔다.

381 fountain [fáuntən]
명 분수
There is a **fountain** in the middle of the park.
그 공원의 한가운데에 분수가 있다.

382 studio [stúːdiòu]
명 1 방송실, 스튜디오 2 작업실
The singer is singing in a recording **studio**.
그 가수는 녹음 스튜디오에서 노래를 하고 있다.
a painter's **studio** 화가의 작업실

383 as soon as
~하자마자, ~하자 곧
As soon as we entered the theater, the lights went out.
우리가 극장에 들어서자마자, 불이 꺼졌다.

384 get to
~에 도착하다, ~에 이르다 ≒ arrive at
We **got to** the movie theater at 4 p.m. 우리는 영화관에 오후 4시에 도착했다.

DAILY TEST

정답 pp. 150~151

[01~10] 영어는 우리말로, 우리말은 영어로 쓰세요.

01 virus _____
02 responsible _____
03 sweep _____
04 environmental _____
05 spoil _____

06 행동; 품행 _____
07 막다[예방/방지하다] _____
08 상태; 주(州) _____
09 교육하다 _____
10 주민, 지역사회; 공동체[사회] _____

[11~13] 다음 빈칸에 알맞은 단어를 고르세요.

11 I _____ a house with two other people.
  ⓐ educate   ⓑ dump   ⓒ concern   ⓓ share

12 Sea turtles are dying because of water _____.
  ⓐ community   ⓑ pollution   ⓒ behavior   ⓓ typhoon

13 A strong _____ hit the village.
  ⓐ typhoon   ⓑ state   ⓒ port   ⓓ booth

장소

[14~21] 다음 빈칸에 알맞은 단어를 넣어, 이야기를 완성하세요.

14 _____ _____ _____ I 15 _____ the 16 _____, I knew the location was perfect. The 17 _____ I had rented there was 18 _____ in bright colors. From my window I could see a 19 _____. The town was almost 20 _____. White 21 _____ waved back and forth in the breeze, between red and green poles. What a great place to be an artist!

그 16**항구**에 15**도착** 14**하자마자**, 나는 그 위치가 완벽하다는 것을 알았다. 내가 임대한 17**작업실**은 밝은 색상으로 18**장식되어** 있었다. 내 창문에서 나는 19**분수**를 볼 수 있었다. 그 마을은 거의 20**인적이 끊겨** 있었다. 하얀 21**빨래**가 빨간색과 녹색 막대 사이에서 바람에 앞뒤로 흔들렸다. 예술가가 되기에 정말 좋은 곳이다!

DAY 16 • 079

DAY 17

>> put a **pressure bandage** on the **wound** 상처에 압박 붕대를 하다

385 pressure
[préʃər]

명 압박, 압력

He put too much **pressure** on the door handle and it broke.
그가 문 손잡이에 너무 많은 압박을 가해, 그 손잡이가 부서졌다.

386 bandage
[bǽndidʒ]

명 붕대

The nurse wrapped a **bandage** around my leg.
그 간호사는 내 다리에 붕대를 감았다.

387 wound
[wuːnd]

명 상처, 부상 유 injury   동 상처[부상]를 입히다 유 injure, hurt

He was treated for head **wounds**. 그는 머리 상처에 대해 치료를 받았다.
The soldier's arm was **wounded** by a bomb.
그 군인의 팔은 폭탄에 의해 부상을 입었다.

>> **suffer** a **slight injury** 경미한 부상을 입다

388 suffer
[sʌ́fər]

동 1 (병 등에) 고통받다 ((from)) 2 (불쾌한 일을) 겪다[당하다]

He is **suffering** from a headache. 그는 두통으로 고통받고 있다.
suffer a loss 손실을 입다

389 slight
[slait]

형 약간의, 조금의

I felt a **slight** pain in my leg. 나는 내 다리에 약간의 통증을 느꼈다.

slightly 부 약간, 조금

390 injury
[índʒəri]

명 부상 유 wound

Luckily, she escaped **injury** when the wall fell down.
벽이 무너졌을 때, 운 좋게 그녀는 부상을 피했다.

injure 동 부상을 입히다

391 ease
[iːz]

명 쉬움, 용이함 동 완화시키다, 편하게 하다

I passed the exam with **ease**.
나는 그 시험을 쉽게 통과했다.
This medicine helps **ease** the pain.
이 약은 통증을 완화시키는 데 도움을 준다.

easy 형 쉬운

Word Link
'부상(injury)'에 따른 '고통을 완화시키기(ease the pain)' 위해 '진통제(painkiller)'를 사용해요.

successfully seek an ideal solution 완벽한 해결책을 성공적으로 찾다

392 successfully [səksésfəli]
- 부 성공적으로, 훌륭하게
- The band **successfully** finished their first concert.
- 그 밴드는 그들의 첫 콘서트를 성공적으로 끝냈다.
- **successful** 형 성공한, 성공적인 **success** 명 성공

393 seek [siːk]
- 동 (sought-sought) 1 찾다 ⊕ look for 2 (조언 등을) 청하다, 구하다
- A hungry bear is **seeking** food in the forest.
- 배고픈 곰 한 마리가 숲에서 먹이를 찾고 있다.

394 ideal [aidíːəl]
- 형 이상적인, 완벽한 ⊕ perfect 명 이상
- My **ideal** type is a tall man with a sense of humor.
- 내 이상형은 유머 감각이 있는 키 큰 남자이다.

395 solution [səlúːʃən]
- 명 해법, 해결책; 해답 ⊕ answer
- There is no simple **solution** to the waste problem.
- 쓰레기 문제에 대해서는 간단한 해결책이 없다.
- **solve** 동 (문제 등을) 풀다, 해결하다

the international trade in raw cotton 국제 원면 무역

396 international [ìntərnǽʃənəl]
- 형 국제적인
- Wimbledon is an important **international** tennis competition.
- 윔블던은 중요한 국제 테니스 대회이다.
- **internationally** 부 국제적으로

397 trade [treid]
- 명 1 무역[거래] ⊕ commerce 2 사업[-업] ⊕ business 동 무역[거래]하다 ((in))
- There is a lot of **trade** between the two countries.
- 두 나라 간에 무역이 많다.
- The company **trades** in various goods 그 회사는 다양한 상품을 거래한다.

398 raw [rɔː]
- 형 1 익히지 않은, 날것의 2 가공하지 않은
- I don't eat **raw** fish. 나는 날생선[생선회]을 먹지 않는다.
- **raw** materials 원자재, 원료

399 pure [pjuər]
- 형 1 불순물이 없는, 순수한 2 맑은, 깨끗한
- This ring is made of **pure** gold.
- 이 반지는 순금으로 만들어졌다.
- a bottle of **pure** water 깨끗한 물 한 병

> **Word Link**
> raw는 '원료 그대로'의 뜻이고, pure는 '다른 것이 섞이지 않은 자연 그대로'의 뉘앙스를 가져요.

주제: 인체와 건강

400 digest [daidʒést]
동 (음식을) 소화하다; 소화되다
He has trouble **digesting** milk. 그는 우유를 소화하는 데 어려움이 있다.
Vegetables **digest** well. 채소는 소화가 잘 된다.
digestion 명 소화

401 thirst [θəːrst]
명 갈증, 목마름
He woke up with a terrible **thirst**. 그는 극심한 갈증으로 잠에서 깼다.
cause **thirst** 갈증을 유발하다
thirsty 형 목이 마른, 갈증이 나는

402 surgery [sə́ːrdʒəri]
명 수술 ❀ operation
The patient had **surgery** on his left knee. 그 환자는 왼쪽 무릎 수술을 받았다.

403 itchy [ítʃi]
형 가려운, 가렵게 하는
My eyes are **itchy**. 내 눈이 가렵다.
The wool sweater was **itchy**. 그 털옷이 가렵게 했다.
itch 동 가렵다[가렵게 하다]

404 muscle [mʌ́sl]
명 근육
Relax your **muscles** after exercise. 운동 후에 근육을 풀어주어라.

405 vision [víʒən]
명 1 시력, 눈 ❀ sight 2 통찰력; 비전
I have poor **vision** in my left eye. 나는 왼쪽 눈의 시력이 좋지 않다.
a leader with **vision** 통찰력 있는 리더
a clear **vision** of the future 미래에 대한 분명한 비전

406 paralyze [pǽrəlàiz]
동 마비시키다
His legs were **paralyzed** in the car accident.
그의 두 다리는 자동차 사고로 마비되었다.
paralysis 명 마비

407 look after
~을 돌보다 ❀ take care of
The nurse **looks after** cancer patients. 그 간호사는 암환자들을 돌본다.

408 pass out
1 기절하다, 의식을 잃다 2 나눠 주다 ❀ hand out
The old man **passed out** from the heat. 그 노인은 더위로 기절했다.
pass out bottles of water to people 사람들에게 물병을 나눠 주다

DAILY TEST

[01~07] 다음 우리말과 같은 뜻이 되도록 빈칸에 알맞은 단어를 쓰세요.

01 원자재, 원료　　　_____ materials

02 붕대를 감다　　　wrap a _____

03 두 나라 간에 무역　　　_____ between the two countries

04 너무 많은 압박을 가하다　　　put too much _____

05 먹이를 찾다　　　_____ food

06 깨끗한 물 한 병　　　a bottle of _____ water

07 손실을 입다　　　_____ a loss

[08~09] 다음 짝지어진 단어의 관계가 나머지와 <u>다른</u> 하나를 고르세요.

08　ⓐ solve – solution　　　ⓑ digest – digestion
　　ⓒ thirsty – thirst　　　ⓓ paralyze – paralysis

09　ⓐ ease – easy　　　ⓑ slight – slightly
　　ⓒ successful – successfully　　　ⓓ international – internationally

인체와 건강

[10~17] 다음 빈칸에 알맞은 단어를 넣어, 이야기를 완성하세요.

I woke up with a great 10_____. My eyes were 11_____ and my 12_____ was foggy. "Where am I?" I asked. "You're in hospital," said the nurse. "You 13_____ _____." "I can't move my legs!" I cried. "Am I 14_____?" "You've just had 15_____," she said. "Your 16_____ are weak. Don't worry. We'll 17_____ _____ you."

나는 엄청난 10갈증과 함께 깨어났다. 눈이 11가렵고 12눈[시력]이 흐릿했다. "여기가 어디죠?" 나는 물었다. "당신은 병원에 있어요"라고 간호사가 말했다. "당신은 13의식을 잃었어요." "다리를 움직일 수 없어요!" 나는 소리쳤다. "제가 14마비된 상태인가요?" "방금 15수술을 받으셨어요"라고 그녀가 말했다. "당신의 16근육들은 약해요. 걱정 마세요. 저희가 당신을 17돌봐 드릴게요."

DAY 18

>> **graduate** from a famous **private university** 유명 사립 대학을 졸업하다

409 graduate
[grǽdʒuət]

명 졸업생   동 [grǽdʒuèit] 졸업하다
She is a **graduate** of Harvard University. 그녀는 하버드 대학의 졸업생이다.
graduate from school 학교를 졸업하다
graduation 명 졸업(식)

410 private
[práivət]

형 1 사적인 반 public   2 사유의, 사립의 반 public
I write my **private** thoughts in a diary. 나는 내 사적인 생각들을 일기장에 적는다.
attend a **private** school 사립 학교에 다니다
privacy 명 사생활[프라이버시]

411 university
[jùːnəvə́ːrsəti]

명 (종합) 대학(교)
You have to get good grades to enter that **university**.
저 대학에 들어가기 위해서 너는 좋은 성적을 받아야 한다.
참고 **college** 단과 대학

>> **contain poison/unhealthy ingredients** 독을/건강에 해로운 재료를 함유하다

412 contain
[kəntéin]

동 (~이) 들어 있다, 포함하다; 함유하다
The box **contains** ten balls. 그 상자에는 10개의 공이 들어 있다.
container 명 용기, 그릇; (화물 수송용) 컨테이너

413 poison
[pɔ́izn]

명 독(약)   동 독살하다; 독을 넣다
The enemy attacked the village with **poison** gas.
적이 독가스로 마을을 공격했다.
poison their food 그들의 음식에 독을 넣다
poisonous 형 유독한; 지독히 불쾌한

414 unhealthy
[ənhélθi]

형 건강하지 않은; 건강에 해로운 반 healthy
He looked tired and **unhealthy**. 그는 피곤하고 건강하지 않아 보였다.
health 명 건강

415 ingredient
[ingríːdiənt]

명 1 (요리 등의) 재료[성분]   2 구성 요소
What are the basic **ingredients** of a salad? 샐러드의 기본 재료들은 무엇인가요?
a key **ingredient** for success 성공을 위한 주요 구성 요소

›› truly apologize for the delay in responding 답변 지연에 대해 진심으로 사과하다

416 truly [trúːli]
- 부 1 정말로, 참으로 2 진심으로
- The picture was **truly** beautiful. 그 그림은 참으로 아름다웠다.
- true 형 사실인, 맞는; 진짜의

417 apologize [əpɑ́lədʒàiz]
- 동 사과하다
- I **apologized** to my teacher for being late.
- 나는 늦은 것에 대해 나의 선생님에게 사과했다.
- apology 명 사과, 사죄

418 delay [diléi]
- 명 지연, 지체 동 지연[지체]시키다
- She left without **delay**. 그녀는 지체 없이 떠났다.
- The heavy snow **delayed** our arrival at the airport.
- 그 폭설이 우리의 공항 도착을 지연시켰다.

419 respond [rispánd]
- 동 1 반응[대응]하다 ((to)) ≒ react 2 대답[응답]하다 ((to)) ≒ reply
- How did he **respond** to the news? 그는 그 소식에 어떤 반응을 보였나요?
- response 명 응답, 대답, 답장; 반응, 대응

›› consume less and recycle more instead 더 적게 소비하고 대신 더 많이 재활용하다

420 consume [kənsúːm]
- 동 소비[소모]하다
- A smaller car will **consume** less fuel. 더 작은 자동차가 더 적은 연료를 쓸 것이다.
- consumption 명 소비 consumer 명 소비자

421 recycle [riːsáikl]
- 동 재활용하다
- Plastic bottles can be **recycled**. 플라스틱병들은 재활용될 수 있다.

422 separate [sépərət]
- 형 1 분리된 2 별개의 ≒ different
- [sépərèit] 동 분리되다[하다] ≒ divide
- They have **separate** rooms but share a kitchen. 그들은 별개의 방을 가지지만 부엌을 같이 쓴다.
- A river **separates** the two countries. 강 하나가 그 두 나라를 분리한다.

> **Word Link**
> '쓰레기를 분리(separate the trash)'해서 재활용률(recycling rate)을 높여야 해요.

423 instead [instéd]
- 부 그 대신에
- I don't like mountains, so let's go to the sea **instead**.
- 나는 산을 좋아하지 않으니, 대신에 바다에 가자.
- 참고 **instead of** ~대신에

주제 규모/도표/그래픽

424 scale [skeil]
명 1 규모[범위] 2 저울
He started a business on a small **scale**. 그는 소규모로 사업을 시작했다.
weigh myself on the bathroom **scale** 그 욕실 저울로 내 몸무게를 재다

425 majority [mədʒɔ́:rəti]
명 대부분, 대다수 반 minority
These days the **majority** of people prefer the Internet to books.
요즘에는 대다수의 사람들이 책보다 인터넷을 선호한다.

426 minimum [mínəməm]
형 최저[최소]의 반 maximum 명 최저, 최소 반 maximum
The **minimum** age for marriage is 18 years for both men and women.
남녀 모두에게 결혼 최저 연령은 18세이다.
We need a **minimum** of six people to play this game.
이 게임을 하기 위해서 우리는 최소 여섯 명이 필요하다.

427 chart [tʃaːrt]
명 도표, 차트
The **chart** shows population growth rates in the area.
그 도표는 그 지역에서의 인구 성장률을 보여준다.

428 graphic [grǽfik]
형 그림[도표]을 이용한 명 (-s) (화면에 표시된) 도형, 그래픽
Graphic design includes website design.
그래픽[그림을 이용한] 디자인은 웹사이트 디자인을 포함한다.
Many films use computer **graphics**. 많은 영화들이 컴퓨터 그래픽을 사용한다.

429 insert [insə́:rt]
동 (다른 것 속에) 끼우다[삽입하다]
Insert pictures and graphs to the report. 보고서에 사진과 그래프를 삽입해라.

430 volume [vάljuːm]
명 1 (TV·라디오 등의) 음량[볼륨] 2 용량
Please turn the **volume** down. 음량을 줄여주세요.
increase the **volume** of production 생산량을 늘리다

431 a number of
얼마간의, 몇 가지의 유 some, several
There are **a number of** ways to reduce stress.
스트레스를 줄이는 몇 가지의 방법들이 있다.
a large/small **number** of 다수의/소수의
참고 the number of ~의 수[숫자]

432 add up to
합계[총] ~가 되다
The money in my pocket **added up to** 100 dollars.
내 주머니 속에 있는 돈이 총 100달러가 되었다.

DAILY TEST

정답 p.151

[01~12] 영어는 우리말로, 우리말은 영어로 쓰세요.

01 respond   _____
02 ingredient   _____
03 consume   _____
04 contain   _____
05 delay   _____
06 separate   _____

07 (종합) 대학(교)   _____
08 그 대신에   _____
09 사과하다   _____
10 졸업생; 졸업하다   _____
11 재활용하다   _____
12 정말로, 참으로; 진심으로 _____

[13~16] 다음 밑줄 친 부분의 반의어를 골라 연결하세요.

13 He looked tired and <u>unhealthy</u>. •   • ⓐ minority

14 I write my <u>private</u> thoughts in a diary. •   • ⓑ maximum

15 These days the <u>majority</u> of people prefer Internet to books. •   • ⓒ public

16 We need a <u>minimum</u> of six people to play this game. •   • ⓓ healthy

규모/도표/그래픽

[17~24] 다음 빈칸에 알맞은 단어를 넣어, 이야기를 완성하세요.

Professor Wilton was working on his PowerPoint presentation. "Okay," he said quietly. "I'll need a ¹⁷_____ of twenty slides. Let's ¹⁸_____ a ¹⁹_____ here. There are ²⁰_____ _____ _____ important facts to mention on slide five. The ²¹_____ of the map needs to be larger. I need to make the ²²_____ of the video a bit louder. That ²³_____ needs some work, but the ²⁴_____ of the images are fine. This will be my best lecture ever!"

윌턴 교수는 파워포인트 발표를 작업하고 있었다. "좋아"라고 그는 조용히 말했다. "¹⁷**최소** 20개의 슬라이드가 필요하겠군. 여기에 ¹⁹**도표**를 ¹⁸**삽입하자**. 5번 슬라이드에 언급할 ²⁰**몇 가지의** 중요한 사실이 있어. 지도의 ²¹**규모**가 더 커야 해. 영상의 ²²**음량**을 조금 더 크게 해야 해. 저 ²³**그래픽**에는 약간의 작업이 필요하긴 하지만, ²⁴**대다수**의 이미지들은 괜찮아. 이건 최고의 강의가 될 거야!"

DAY 19

» do scientific research on brain cells 뇌 세포에 대한 과학적인 연구를 하다

433 scientific [sàiəntífik]
형 1 과학(상)의 2 과학적인
He made an important **scientific** discovery. 그는 중요한 과학적 발견을 했다.
scientific thinking 과학적인 사고
science 명 과학   scientifically 부 과학적으로

434 research [ríːsəːrtʃ]
명 연구, 조사   동 [risə́ːrtʃ] 연구[조사]하다
Animals are used for medical **research**. 의학 연구를 위해 동물들이 사용된다.
research cancer 암을 연구하다
researcher 명 연구원

435 cell [sel]
명 세포
Living things are made of **cells**.
살아있는 것들[생물체들]은 세포로 만들어져 있다.
white blood **cells** 백혈구

» rub the surface smooth 표면을 매끄럽게 문지르다

436 rub [rʌb]
동 문지르다
Rub the top of the table with wax. 그 탁자 위를 왁스로 문질러라.
She yawned and **rubbed** her eyes. 그녀는 하품을 하고 눈을 비볐다.

437 surface [sə́ːrfis]
명 표면; 겉, 외면
A bottle floated on the **surface** of the water. 병 하나가 수면 위에 떠 있었다.
the **surface** of the vase 그 꽃병의 외면

438 smooth [smuːð]
형 1 (표면이) 매끄러운 (반) rough 2 순조로운
A baby's skin is very **smooth**. 아기의 피부는 매우 매끄럽다.
Our trip was **smooth**. 우리의 여행은 순조로웠다.

439 slippery [slípəri]
형 미끄러운
The road is **slippery** with snow.
그 도로는 눈으로 미끄럽다.
slip 동 미끄러지다

Word Link
smooth는 '닿는 느낌이 거칠지 않다', slippery는 '저절로 밀려 나갈 정도로 미끄럽다'라는 뉘앙스를 가져요.

≫ disappointed not to be selected 선택되지 못해 실망한

440 disappointed
[dìsəpɔ́intid]

형 실망한, 낙담한

We were **disappointed** with the result of the game.
우리는 그 게임 결과에 실망했다.

disappoint 동 실망시키다

441 disappoint
[dìsəpɔ́int]

동 실망시키다

His terrible performance **disappointed** the audience. 그의 형편없는 공연은 관객들을 실망시켰다.

disappointment 명 실망   disappointed 형 실망한, 낙담한

> **Word Link**
> disappointed는 동사 disappoint에서 파생된 형용사예요.

442 select
[səlékt]

동 고르다, 선택[선발]하다 유 choose, pick

I carefully **selected** my clothes for the interview.
나는 그 면접을 위한 옷을 신중하게 골랐다.

selection 명 선택, 선발

≫ frankly doubt whether the portrait is original 초상화가 원작인지 솔직히 의심스럽게 생각하다

443 frankly
[frǽŋkli]

부 솔직히

Frankly, I don't trust them. 솔직히, 나는 그들을 신뢰하지 않는다.

444 doubt
[daut]

명 의심 동 의심하다

There is no **doubt** that the movie will be successful.
그 영화가 성공적일 것임은 의심의 여지가 없다.
I don't **doubt** his abilities. 나는 그의 능력을 의심하지 않는다.

445 whether
[wéðər]

접 1 ~인지 (아닌지) 유 if 2 ~이든 (아니든) 유 if

I wonder **whether** it will rain tomorrow. 내일 비가 올지 여부가 궁금하다.
I don't care **whether** you do it or not. 네가 그것을 하든 안 하든 나는 개의치 않아.

446 portrait
[pɔ́ːrtrit]

명 초상화; 인물 사진

The queen posed for her **portrait**. 여왕은 자신의 초상화를 위해 자세를 취했다.
a black-and-white **portrait** 흑백 인물 사진

447 original
[ərídʒənl]

형 1 원래의; 원본의 2 독창적인

Who was the **original** owner of this car? 이 차의 원래 주인은 누구였나요?
an **original** idea/design 독창적인 생각/디자인

originally 부 원래, 본래

DAY 19 • 089

주제: 취미와 오락

448 amusement [əmjúːzmənt]
명 1 즐거움, 재미 2 (-s) 오락, 놀이
The park provides a lot of **amusement** for children.
그 공원은 아이들에게 많은 즐거움을 제공한다.
childhood **amusements** 어린 시절 놀이
참고 **amusement park** 놀이공원

449 merry [méri]
형 즐거운, 명랑한 🙂 cheerful
They sang and had a **merry** time. 그들은 노래를 하고 즐거운 시간을 보냈다.
a **merry** voice/dance 명랑한 목소리/유쾌한 춤

450 collection [kəlékʃn]
명 수집품, 소장품
I have a coin **collection**. 나는 동전을 수집한다.
an art **collection** 미술 소장품
collect 동 모으다, 수집하다

451 knit [nit]
동 뜨다, 뜨개질하다
She **knitted** a sweater for her son. 그녀는 아들을 위해 스웨터를 떠 주었다.
I like to **knit**. 나는 뜨개질하는 것을 좋아한다.

452 skillful [skílfəl]
형 솜씨 좋은, 능숙한 ((at, in))
He became very **skillful** at drawing. 그는 그림 그리는 데 솜씨가 좋아졌다.
a **skillful** photographer 능숙한[노련한] 사진사
skill 명 솜씨[재주]; 기술

453 sketch [sketʃ]
명 스케치, 밑그림 동 스케치하다
I made a **sketch** of the garden. 나는 그 정원을 스케치했다.
He sat outside and **sketched** the church. 그는 밖에 앉아 그 교회를 스케치했다.

454 thread [θred]
명 실 동 실을 꿰다
Can you cut off this **thread** with some scissors? 가위로 이 실을 잘라줄 수 있어?
thread a needle 바늘에 실을 꿰다

455 sign up for
~을 신청하다
She **signed up for** a yoga course. 그녀는 요가 강좌에 등록했다.

456 fond of
~을 좋아하는
My friend is very **fond of** hiking and backpacking.
내 친구는 하이킹과 배낭여행을 매우 좋아한다.

DAILY TEST

정답 p.151

[01~12] 영어는 우리말로, 우리말은 영어로 쓰세요.

01 smooth _____
02 doubt _____
03 thread _____
04 select _____
05 surface _____
06 whether _____
07 초상화; 인물사진 _____
08 실망시키다 _____
09 세포 _____
10 문지르다 _____
11 연구, 조사; 연구[조사]하다 _____
12 원래의; 원본의; 독창적인 _____

[13~16] 다음 괄호 안의 단어를 문맥에 맞게 알맞은 형태로 바꾸어 빈칸에 쓰세요.

13 _____, I don't trust them. (frank)

14 He made an important _____ discovery. (science)

15 The road is _____ with snow. (slip)

16 We were _____ with the result of the game. (disappoint)

취미와 오락

[17~23] 다음 빈칸에 알맞은 단어를 넣어, 대화를 완성하세요.

A: I just 17_____ _____ _____ a *craft course. Do you want to come with me?

B: Oh yes! I'm very 18_____ _____ crafting. What will we do there?

A: We're 19_____ trees this week. Then we'll use colored 20_____ to fill in the leaves. Next week, we'll learn how to 21_____.

B: I'm not very 22_____ …

A: It doesn't matter. It's only for our 23_____!

*craft: 공예, 공예품을 만들다

A: 나는 방금 공예 강좌를 17**신청했어**. 나랑 함께 갈래?
B: 오 그럼! 나는 공예를 매우 18**좋아해**. 거기서 우리는 무엇을 할 거지?
A: 이번 주에는 나무를 19**스케치할** 거야. 그런 다음 색이 들어 있는 20**실**을 사용하여 그 나뭇잎들을 채울 거야. 다음 주에는 21**뜨개질하는** 법을 배울 거야.
B: 나는 그렇게 22**솜씨가 좋지** 않아서…
A: 상관없어. 그건 단지 우리의 23**재미**를 위한 것일 뿐이야!

DAY 19 • 091

DAY 20

>> **the tune sounds familiar** 그 곡은 익숙하게 들린다

457 tune [tuːn]
명 곡(조), 선율 동 (악기의) 음을 맞추다, 조율하다
She played a **tune** on the piano. 그녀는 피아노로 한 곡조를 연주했다.
tune a guitar 기타의 음을 맞추다

458 sound [saund]
명 소리 동 1 (~하게) 들리다 2 (소리가) 나다; ~의 소리를 내다
I love the **sound** of the sea. 나는 바다의 소리를 매우 좋아한다.
Your plan **sounds** great to me. 네 계획은 내가 듣기에 좋은 것 같다.
When the alarm **sounded**, everyone left the building.
그 경보음이 나자, 모두 그 건물을 떠났다.

459 familiar [fəmíljər]
형 익숙한, 친숙한
I am not **familiar** with this area. 나는 이 지역에 익숙하지 않다.

>> **live in extreme/hopeless poverty** 극심한/절망적인 가난 속에서 살다

460 extreme [ikstríːm]
형 극도의, 극심한
The man is working under **extreme** pressure.
그 남자는 극도의 압박을 받으며 일하고 있다.
extremely 부 극도로, 극히

461 hopeless [hóuplis]
형 가망 없는, 절망적인 반 hopeful
The doctor said the patient's condition was **hopeless**.
그 의사는 그 환자의 상태가 가망이 없다고 말했다.

462 poverty [pávərti]
명 가난, 빈곤
The money is spent on fighting **poverty**. 그 돈은 빈곤을 퇴치하는 데 쓰인다.
poor 형 가난한; 불쌍한

463 aid [eid]
명 1 원조, 지원 2 도움 유 help
The poor country depends on foreign **aid**.
그 가난한 나라는 해외 원조에 의존한다.
He can't read without the **aid** of glasses.
그는 안경의 도움 없이는 글을 읽을 수 없다.

Word Link
'가난하게 사는 사람들(people living in poverty)'은 '경제 원조(economic aid)'를 필요로 해요.

>> an **adventurous journey** to the African **continent** 아프리카 대륙으로의 모험 가득한 여행

464 adventurous
[ædvéntʃərəs]

형 1 모험심이 강한 2 모험적인, 모험 가득한

Children are more **adventurous** than adults.
아이들은 어른들보다 더 모험심이 강하다.

adventure 명 모험

465 journey
[dʒə́ːrni]

명 여행 ⊕ trip

We are going on a **journey** to a strange country.
우리는 낯선 나라로 여행을 떠날 것이다.

Plus+ · go on a journey 여행을 떠나다

466 continent
[kántənənt]

명 대륙

The **continent** of South America has many countries, including Brazil.
남아메리카의 대륙에는 브라질을 포함해서 많은 나라들이 있다.

>> **likely** to **confuse** real life with **romantic novels** 현실과 로맨스 소설을 혼동하는 것 같은

467 likely
[láikli]

형 ~할 것 같은[것으로 예상되는] (to-v)

Which team seems **likely** to win? 어느 팀이 이길 것 같나요?

468 highly
[háili]

부 1 매우, 대단히
  2 (수준·양 등이) 높이[많이], 고도로

He speaks **highly** of his science teacher.
그는 자신의 과학 선생님을 극찬한다.

Plus+ · speak highly of ~을 격찬[극찬]하다

Word Link
be highly likely to-v는 '~할 가능성이 매우 높다'라는 뜻의 덩어리 표현이에요.

469 confuse
[kənfjúːz]

동 1 혼란을 주다 2 혼동하다 ((and, with))

The broken road sign **confused** many drivers.
그 부서진 교통 표지판이 많은 운전자들에게 혼란을 주었다.

confused 형 혼란[혼동]스러운   confusion 명 혼란, 혼동

470 romantic
[rouméntik]

형 로맨틱한, 연애의; 낭만적인

She wrote a **romantic** letter. 그는 연애 편지를 썼다.

romance 명 연애, 로맨스

471 novel
[návəl]

명 소설

The ending of the **novel** is so touching. 그 소설의 결말은 너무나 감동적이다.

주제: 대화와 토론

472 persuade [pərswéid]
동 설득하다
He **persuaded** her to change her mind. 그는 그녀가 마음을 바꾸도록 설득했다.

473 suggestion [səgdʒéstʃən]
명 제안
I have a **suggestion** for you. 나는 너에게 제안할 것이 하나 있다.
suggest 동 제안하다

474 argument [ɑ́ːrgjumənt]
명 1 논쟁, 언쟁[말다툼] 2 주장
He had a big **argument** with his friend. 그는 그의 친구와 큰 말다툼을 했다.
arguments for and against animal testing 동물 실험에 대한 찬반 주장들
argue 동 언쟁을 하다, 다투다; 주장하다

475 mention [ménʃən]
동 (말·글로) 언급[거론]하다
I have never **mentioned** anything to him about your problem.
나는 그에게 너의 문제에 대해 어떤 것도 언급한 적이 없다.

476 thought [θɔːt]
명 생각하기; 생각 ⊕ idea
He put a lot of **thought** into the decision. 그는 그 결정에 대해 많이 생각했다.
That's an interesting **thought**. 그것은 흥미로운 생각이다.
Plus+ · put thought into ~에 대해 고민하다[생각하다]
thoughtful 형 생각이 깊은, 사려 깊은

477 pause [pɔːz]
동 잠시 멈추다 명 잠시 멈춤
I **paused** for a moment before answering the question.
그 질문에 답하기 전 나는 잠시 멈추었다.
after a short **pause** 잠시 멈춘 후에

478 misunderstand [mìsʌndərstǽnd]
동 (misunderstood-misunderstood) 오해하다
The student **misunderstood** the teacher's directions.
그 학생은 선생님의 지시사항들을 오해했다.

479 make sure
확실히 하다 ⊕ ensure
I just want to **make sure** that we all agree.
나는 단지 우리 모두 동의하는지 확실히 해 두고 싶다.

480 get it
이해하다
I don't **get it**, so please explain it to me.
나는 이해가 되지 않으니, 내게 그것을 설명해주세요.

DAILY TEST

정답 p.151

[01~07] 다음 우리말과 같은 뜻이 되도록 빈칸에 알맞은 단어를 쓰세요.

01 그 소설의 결말   the ending of the _____
02 바다의 소리   the _____ of the sea
03 기타의 음을 맞추다   _____ a guitar
04 그의 과학 선생님을 극찬하다   speak _____ of his science teacher
05 연애 편지   a _____ letter
06 이길 것 같은   _____ to win
07 남아메리카 대륙   the _____ of South America

[08~10] 다음 짝지어진 두 단어의 관계가 같도록 빈칸에 알맞은 단어를 쓰세요.

08 _____ : poor = adventure : adventurous
09 aid : help = _____ : trip
10 _____ : thoughtful = romance : romantic

대화와 토론

[11~18] 다음 빈칸에 알맞은 단어를 넣어, 이야기를 완성하세요.

"Can I 11_____ you to change your clothes, darling?" Mom said. "Why?" asked Tom. "It's only a 12_____," replied Mom. She 13_____. "I wanted to 14_____ that… they're not very clean." "Just so I don't 15_____ you," said Tom, "are you saying I'm smelly?" "I don't want an 16_____ about it," replied Mom. "Let's just 17_____ _____ you look your best for the party." "I don't 18_____ _____," sighed Tom. "It's only a barbeque party, Mom."

"옷을 갈아입으라고 너를 11**설득해도** 될까, 얘야?" 엄마가 말했다. "왜요?" 톰이 물었다. "그냥 12**제안일 뿐이야**"라고 엄마가 대답했다. 그녀는 13**잠시 멈췄다**. "그 옷들은 별로 깨끗하지 않다고 14**언급하고** 싶었어." "그냥 15**오해하지** 않기 위해서 묻는 건데요"라고 톰이 말했다. "제가 냄새가 난다는 거예요?" "그것에 대해 16**논쟁**하고 싶진 않구나"라고 엄마가 대답했다. "네가 그 파티에서 가장 멋지게 보이게 17**확실히 해 두자**." "18**이해가 안 돼요**"라며 톰이 한숨을 쉬었다. "그건 그냥 바비큐 파티잖아요, 엄마."

REVIEW TEST   DAY 16~20

A 덩어리 표현   우리말에 맞게 빈칸을 채워 핵심 표현을 완성하세요.

01 a _____ sweeps through the _____ of Florida   태풍이 플로리다 주를 휩쓸다

02 _____ environmental _____   환경 오염을 예방하다

03 educate kids about _____ _____   책임감 있는 행동에 대해 아이들을 교육하다

04 share the _____'s _____ about this virus
   이 바이러스에 대한 지역사회의 우려를 공유하다

05 put a pressure _____ on the _____   상처에 압박 붕대를 하다

06 suffer a _____ _____   경미한 부상을 입다

07 _____ seek an _____ solution   완벽한 해결책을 성공적으로 찾다

08 the _____ trade in _____ cotton   국제 원면 무역

09 _____ from a famous _____ university   유명 사립 대학을 졸업하다

10 _____ _____ ingredients   건강에 해로운 재료를 함유하다

11 truly _____ for the _____ in responding   답변 지연에 대해 진심으로 사과하다

12 consume less and _____ more _____   더 적게 소비하고 대신 더 많이 재활용하다

13 do _____ _____ on brain cells   뇌 세포에 대한 과학적인 연구를 하다

14 rub the _____ _____   표면을 매끄럽게 문지르다

15 _____ not to be _____   선택되지 못해 실망한

16 _____ doubt whether the _____ is original
   초상화가 원작인지 솔직히 의심스럽게 생각하다

17 the _____ sounds _____   그 곡은 익숙하게 들린다

18 live in _____ _____   극심한 가난 속에서 살다

19 an _____ journey to the African _____   아프리카 대륙으로의 모험 가득한 여행

20 likely to _____ real life with _____ novels
   현실과 로맨스[로맨틱한] 소설을 혼동하는 것 같은

B 주제별 어휘 — 우리말에 맞게 빈칸을 채워 문장을 완성하세요.

장소

01 The _____ I had rented there was _____ in bright colors.
내가 임대한 작업실은 밝은 색상으로 장식되어 있었다.

02 From my window I could see a _____.
내 창문에서 나는 분수를 볼 수 있었다.

03 The town was almost _____.
그 마을은 거의 인적이 끊겨 있었다.

인체와 건강

04 I woke up with a great _____.
나는 엄청난 갈증과 함께 깨어났다.

05 You _____ _____.
너는 의식을 잃었었다.

06 Am I _____?
내가 (몸이) 마비된 상태인가?

규모/도표/그래픽

07 I'll need a _____ of twenty slides.
나는 최소 20개의 슬라이드가 필요할 것이다.

08 Let's _____ a _____ here.
여기에 도표를 삽입하자.

09 The _____ of the images are fine.
대다수의 이미지들은 괜찮다.

취미와 오락

10 I just _____ _____ a craft course.
나는 방금 공예 강좌를 신청했다.

11 We'll use colored _____ to fill in the leaves.
우리는 색이 들어 있는 실을 사용하여 그 나뭇잎들을 채울 것이다.

12 Next week, we'll learn how to _____.
다음 주에는 뜨개질하는 법을 배울 것이다.

대화와 토론

13 "It's only a _____," replied Mom.
"그건 단지 제안일 뿐이야"라고 엄마가 대답했다.

14 I wanted to _____ that… they're not very clean.
나는 그 옷들은 별로 깨끗하지 않다는 것을 언급하고 싶었다.

15 I don't want an _____ about it.
나는 그것에 대해 논쟁하고 싶지 않다.

DAY 11~20　CUMULATIVE TEST

[01~30] 다음 단어의 뜻을 쓰세요.

01 chase
02 attract
03 universe
04 force
05 whisper
06 publish
07 slip
08 judge
09 appointment
10 temperature
11 opposite
12 predict
13 unnecessary
14 survival
15 uneasy
16 pollution
17 behavior
18 concern
19 suffer
20 ideal
21 raw
22 graduate
23 contain
24 recycle
25 slippery
26 surface
27 merry
28 aid
29 confuse
30 persuade

[31~40] 다음 뜻을 가진 단어를 쓰세요.

31 법률의; 합법적인
32 지능
33 독립, 자립
34 북극[남극]의, 극지방의
35 최근에, 얼마 전에
36 막다[예방/방지하다]
37 해법, 해결책; 해답
38 사과하다
39 실망한, 낙담한
40 가난, 빈곤

[41~45] 다음 숙어의 뜻을 쓰세요.

41 run out of
42 be sick of
43 pass out
44 sign up for
45 make sure

Know More

영어 이야기 2

슬랭 이야기

슬랭(slang)은 '속어'라는 뜻으로 본래 언어의 법칙을 고려하지 않고 격식 없이 사용하는 표현을 말해요.

no cap
진짜야, 정말이야

'진심', '레알로' 이런 한국말 슬랭도 있듯이 비슷한 뉘앙스의 표현이에요. 자신이 말하는 것의 진실성을 표현하고 싶을 때 사용해요.

> A: Did you hear? Jenny won the race!
> B: **No cap?** That's awesome!
> 들었어? 제니가 경주에서 이겼어! - 진짜? 대박이다!

ghost
잠수타다

ghost는 원래 '유령'이라는 뜻이죠. 마치 유령처럼 사라져 모습이 보이지 않는 것에서 유추해볼 수 있어요.

> John didn't text me back. He totally **ghosted** me.
> 존이 내게 답장을 보내지 않았다. 그는 완전히 잠수탔다.

cheesy
느끼하다, 오글거리다

치즈가 떠오르는 표현이죠? 너무 오글거리고 오버스럽다거나 사람의 행동이 느끼하다고 할 때 쓰는 표현이에요.

> A: Romantic movies are so **cheesy**.
> B: Yeah, I'm not a fan of that stuff.
> 로맨틱 영화는 너무 오글거려. - 맞아, 나는 그런 거 안 좋아해.

nail it
완벽하게 해내다, 성공하다

nail은 '못'이라는 뜻을 갖고 있는데요. 벽에 못을 딱! 하고 박는 상상을 하면 무언가를 완벽히 해냈다는 의미를 유추할 수 있어요.

> A: How did your presentation go?
> B: I **nailed it**! Everyone loved it.
> 발표는 어땠어? - 대성공이었어! 모두가 좋아했어.

call dibs
찜하다

한국말로 "내 거!" "찜!"을 영어로 "I called dibs!"라고 해요. 그리고 찜하고 싶은 것까지 표현할 때는 뒤에 on을 붙여요.

> A: I want to sit in the front seat!
> B: Too late, I already **called dibs** on it!
> 나 앞자리에 앉고 싶어! - 너무 늦었어, 내가 이미 찜했어!

legit
멋있다, 쩐다

legit는 '합법적인'이라는 뜻의 legitimate에서 파생된 단어이지만, '진짜', '대박' 등의 슬랭으로도 쓰여요.

> A: Did you see that new movie?
> B: Yeah, it was **legit**! I loved it.
> 새로 나온 저 영화 봤어? - 응, 완전 쩔어! 난 너무 좋았어.

DAY 21

>> **make no official comment on the strike** 파업에 대해 공식 논평을 하지 않다

481 official
[əfíʃəl]

형 1 공무[직무]상의 2 공식의 명 공무원, 관리
He visited Paris on **official** duties. 그는 공무상 파리를 방문했다.
Taekwondo is an **official** Olympic sport. 태권도는 올림픽 공식 스포츠이다.
officially 튀 공식적으로

482 comment
[káment]

명 논평 동 논평하다 ((on))
He made rude **comments** about his neighbors.
그는 (자신의) 이웃들에 대해 무례한 말을 했다.
comment on a matter 어떤 문제에 대해 논평하다

483 strike
[straik]

동 (struck-struck) 치다, 부딪치다 윤 hit 명 파업
The ship **struck** a rock and sank. 그 배는 바위에 부딪쳐 가라앉았다.
The workers are on **strike**. 그 노동자들은 파업 중이다.

>> **attend a funeral/graduation ceremony** 장례식에/졸업식에 참석하다

484 attend
[əténd]

동 1 출석[참석]하다 2 (학교 등에) 다니다
How many people **attended** the meeting?
그 모임에는 얼마나 많은 사람들이 참석했나요?
attendance 명 출석

485 funeral
[fjúːnərəl]

명 장례식
People usually wear black clothes to **funerals**.
사람들은 보통 장례식에 갈 때 검은 옷을 입는다.
The **funeral** will be held tomorrow. 그 장례식은 내일 행해진다.

486 graduation
[grædʒuéiʃən]

명 졸업(식)
We had a party to celebrate his **graduation** from high school.
그의 고등학교 졸업을 축하하기 위해 우리는 파티를 했다.
graduate 명 졸업생 동 졸업하다

487 ceremony
[sérəmòuni]

명 의식, -식
The awards **ceremony** took place on June 13th.
그 시상식은 6월 13일에 열렸다.

» a **vivid description** of the French **Revolution** 프랑스 혁명에 대한 생생한 묘사

488 vivid
[vívid]

형 **1** (기억·묘사 등이) 생생한 **2** (색 등이) 선명한
I had a **vivid** dream last night. 나는 어젯밤 생생한 꿈을 꾸었다.
The gate was painted in a **vivid** red. 그 정문은 선명한 빨간색으로 칠해졌다.

489 description
[diskrípʃən]

명 묘사, 기술
She gave a good **description** of the accident.
그녀는 그 사고에 대해 아주 잘 묘사해 주었다.
describe 동 (특징 등을) 말하다, 묘사하다

490 revolution
[rèvəlúːʃən]

명 혁명, 변혁
The French **Revolution** changed French society a lot.
프랑스 혁명은 프랑스 사회를 많이 변화시켰다.

» **deal** with **rapidly mounting** national **debt** 급격히 증가하는 국가 부채를 다루다

491 deal
[diːl]

동 다루다, 처리하다 ((with)) 유 handle 명 거래, 합의
Don't worry, I'll **deal** with this problem. 걱정하지 마, 내가 이 문제를 처리할 거야.
make a **deal** (with) (~와) 거래를 하다

492 rapidly
[rǽpidli]

부 빨리, 급속히
The world is changing **rapidly**. 세상은 급속히 변화하고 있다.
rapid 형 빠른, 급한, 신속한

493 mount
[maunt]

동 **1** 올라가다; (말 등에) 올라타다 **2** 증가하다
He **mounted** the ladder carefully. 그는 조심스럽게 그 사다리를 올라갔다.
The price of oil is **mounting**. 유가가 증가하고 있다.

494 debt
[det]

명 **1** 빚, 부채 **2** 빚을 진 상태
I worked hard to pay off my **debt**. 나는 내 빚을 갚기 위해 열심히 일했다.
be heavily in **debt** 많은 빚을 지고 있다

495 sum
[sʌm]

명 **1** (돈의) 금액 **2** 합계
동 요약하다 ((up)) 유 summarize
He saved a large **sum** of money.
그는 많은 금액의 돈을 모았다.
to **sum** up in a single word 한마디로 요약하면

> **Word Link**
> '빚(debt)'이란 남에게 갚아야하는 '금액(a sum of money)'을 뜻해요.

DAY 21 • 101

주제: 교육과 연구

496 journal [dʒə́ːrnl]
명 1 (전문 분야를 다루는) 잡지, 학술지 2 일기 ↔ diary
I read about the new treatment in a medical **journal**.
나는 의학 학술지에서 그 새로운 치료법에 대해 읽었다.
keep a **journal** 일기를 쓰다

497 memorize [méməràiz]
동 암기하다
The students have to **memorize** a poem every week.
그 학생들은 매주 시 한 편을 암기해야 한다.

498 motivate [móutəvèit]
동 동기를 부여하다
Good teachers **motivate** their students to study hard.
좋은 선생님들은 그들의 학생들이 열심히 공부하도록 동기를 부여한다.
motivation 명 동기 부여, 자극

499 collaborate [kəlǽbərèit]
동 협력하다, 공동으로 작업하다 ((on))
The researchers are **collaborating** on cancer care.
그 연구원들은 암 치료에 대해 협력하고 있다.
collaboration 명 공동 작업

500 theme [θiːm]
명 주제, 테마
The **theme** of his speech was climate change. 그의 연설 주제는 기후 변화였다.

501 examine [igzǽmin]
동 1 조사[검토]하다 2 검사하다, 진찰하다
They **examined** the evidence carefully. 그들은 그 증거를 면밀히 조사했다.
The doctor **examined** his eyes and ears. 그 의사는 그의 눈과 귀를 검사했다.
examination 명 시험; 조사[검토]; 검사[검진]

502 process [práses]
명 과정[절차] 동 (원자재·식품 등을) 가공[처리]하다
Developing a new medicine is a long **process**.
신약을 개발하는 것은 긴 과정이다.
process milk into cheese and yogurt 우유를 치즈와 요구르트로 가공하다

503 take notes (of)
(~을) 필기하다
Students **take notes of** important parts in class.
학생들은 수업 중에 중요한 부분들을 필기한다.

504 go over
~을 점검[검토]하다 ↔ examine
The scientists **went over** their research carefully.
그 과학자들은 그들의 연구를 면밀히 검토했다.

DAILY TEST

정답 p.152

[01~08] 다음 우리말과 같은 뜻이 되도록 빈칸에 알맞은 단어를 쓰세요.

01 그 사다리를 올라가다   _____ the ladder
02 그 시상식   the awards _____
03 많은 빚을 지고 있다   be heavily in _____
04 프랑스 혁명   the French _____
05 생생한 꿈   a _____ dream
06 거래를 하다   make a _____
07 어떤 문제에 대해 논평하다   _____ on a matter
08 한마디로 요약하면   to _____ up in a single word

[09~12] 다음 괄호 안에서 알맞은 말을 고르세요.

09 She gave a good (description / describe) of the accident.
10 He visited Paris on (official / officially) duties.
11 The world is changing (rapid / rapidly).
12 We had a party to celebrate his (graduation / graduate) from high school.

교육과 연구

[13~21] 다음 빈칸에 알맞은 단어를 넣어, 대화를 완성하세요.

A: Tell me about your article in The 13_____ of Thinking, Dr. Tan.

B: Sure. Its 14_____ is the brain. I look at the 15_____ of 16_____ events. I ask what 17_____ us to remember some things but not others.

A: May we 18_____ _____ the way you do your research, please?

B: I 19_____ with other scientists who are 20_____ this subject. We 21_____ _____ and share our *findings.

*findings: (조사·연구 등의) 결과

A: 텐 박사님, 생각[사고] 13학술지에 실린 당신의 기사에 대해 말씀해주세요.
B: 그러죠. 그것의 14주제는 뇌입니다. 저는 사건을 16암기하는 15과정을 살펴봅니다. 저는 우리가 어떤 것은 암기하고 다른 것은 암기하지 않도록 17동기를 부여하는 것이 무엇인지 묻습니다.
A: 당신이 조사하는 방식에 대해 18검토해 볼 수 있을까요?
B: 저는 이 주제를 20조사하고 있는 다른 과학자들과 19협업합니다. 우리는 21필기를 하고 결과를 공유합니다.

DAY 21 • 103

DAY 22

>> **lack respect** for **individual** freedom 개인의 자유에 대한 존중이 부족하다

505 lack [læk]
- 명 결핍, 부족 ((of)) 동 ~이 없다, 부족하다
- They canceled their vacation because of a **lack** of money.
- 그들은 돈이 부족해서 그들의 휴가를 취소했다.

506 respect [rispékt]
- 동 존경[존중]하다 명 존경, 존중
- I **respect** him for his honesty. 나는 그의 정직함 때문에 그를 존경한다.
- have **respect** for older people 노인들을 존경하다
- respectful 형 존경심을 보이는, 공손한

507 individual [ìndəvídʒuəl]
- 형 1 개개의, 개별의 2 개인(용)의 명 개인
- Each **individual** leaf on the tree is different. 그 나무의 개개의 잎은 서로 다르다.
- treat each student as an **individual** 각 학생을 개인으로 대하다
- individually 부 개별적으로

>> **trust** in the **justice department** 사법부에 대한 신뢰

508 trust [trʌst]
- 명 신뢰 동 1 신뢰하다 2 (옳음을) 믿다
- She puts her **trust** in the doctors. 그녀는 그 의사들을 신뢰한다.
- They don't **trust** each other. 그들은 서로 신뢰하지 않는다.
- Plus+ · put one's trust in ~을 신뢰하다

509 justice [dʒʌ́stis]
- 명 1 정의; 공정 2 사법; 재판
- He has a strong sense of **justice**. 그는 정의감이 강하다.
- the **justice** system/department 사법 제도/사법부

510 department [dipáːrtmənt]
- 명 (조직·기구의) 부서[부처/학과]
- He works in the sales **department**.
- 그는 그 영업부에서 일한다.

511 defense [diféns]
- 명 방어, 수비
- Many soldiers died in **defense** of their country. 많은 군인들이 그들의 나라를 방어하다 숨졌다.
- defend 동 방어[수비]하다, 지키다

Word Link 국가 방위를 담당하는 '국방부'를 Defense Department라고 해요.

≫ **prove** a **link** between smoking and lung **cancer** 흡연과 폐암 사이의 관련성을 증명하다

512 prove
[pruːv]

동 1 입증[증명]하다 2 (~임이) 드러나다[판명되다]
He is wrong, and I can **prove** it. 그가 틀렸고, 나는 그것을 증명할 수 있다.
prove to be false 거짓임이 드러나다

proof 명 증거(물); 증명

513 link
[liŋk]

동 연결하다; 관련시키다 명 관련(성)
The bridge **links** those two islands. 그 다리는 저 두 개의 섬을 연결한다.

514 cancer
[kǽnsər]

명 암
He died of **cancer** last year. 그는 작년에 암으로 사망했다.

≫ a **core**/**typical** **feature** of Alzheimer's **disease** 알츠하이머병의 핵심적인/전형적인 특징

515 core
[kɔːr]

명 중심부, 핵심 형 핵심적인
The Earth's **core** is very hot. 지구의 중심부는 굉장히 뜨겁다.

516 typical
[típikəl]

형 전형적인, 대표적인
A **typical** American breakfast includes eggs and cereal.
전형적인 미국식 아침 식사는 계란과 시리얼을 포함한다.

typically 부 일반적으로; 전형적으로

517 feature
[fíːtʃər]

명 특징 동 특별히 포함하다, 특징으로 삼다
A unique **feature** of the town is the traditional market.
그 마을의 독특한 특징은 전통 시장이다.
The new menu **features** some Italian desserts.
그 새 메뉴는 특별히 몇몇 이탈리아 디저트를 포함한다.

518 disease
[dizíːz]

명 질병, 병 유 illness
Doctors are looking for a new way to treat this **disease**.
의사들은 이 병을 치료하기 위한 새로운 방법을 찾고 있다.

519 loss
[lɔːs]

명 1 상실, 손실 2 (금전적인) 손해
The woman felt a sense of **loss** when her son left home.
그 여성은 아들이 집을 떠났을 때 상실감을 느꼈다.
make a **loss** 손해를 보다

lose 동 잃어버리다; (시합 등에서) 지다

> **Word Link**
> 알츠하이머병의 전형적인 특징은 '기억 상실(a loss of memory)'이에요.

주제: 인간관계

520 elder [éldər]
형 (특히 가족 관계에서) 나이가 더 많은 유 older 반 younger
He has two **elder** sisters. 그는 두 명의 누나가 있다.

521 favor [féivər]
명 호의, 친절
Can you do me a **favor**?
네가 나에게 호의를 베풀어 줄 수 있어[내 부탁 하나 들어줄 수 있어]?
favorable 형 호의적인

522 admire [ædmáiər]
동 존경하다 유 respect
I **admire** him for his courage. 나는 그의 용기에 대해 그를 존경한다.
admiration 명 존경

523 honor [ánər]
명 1 명예, 명성 2 영광(스러운 것)
The war hero received the Medal of **Honor**. 그 전쟁 영웅은 명예 훈장을 받았다.
It's an **honor** to meet you. 당신을 만나게 되어 영광입니다.

524 relationship [riléiʃənʃìp]
명 관계, 관련
He has a close **relationship** with his younger brother.
그는 자신의 남동생과 친밀한 관계를 갖고 있다.

525 loyal [lɔ́iəl]
형 충실한, 충성스러운
She is very **loyal** to her friends. 그녀는 자신의 친구들에게 충실하다[의리 있다].
a **loyal** supporter 충성스러운 지지자
loyalty 명 충실, 충성

526 bow [bau]
동 머리를 숙이다, 허리를 굽히다 명 1 절, 인사 2 [bou] 활
Korean students **bow** to their teachers at school.
한국 학생들은 학교에서 그들의 선생님들에게 머리를 숙인다.
make a deep **bow** 깊숙이 허리 굽혀 인사하다
a **bow** and arrow 활과 화살

527 keep in touch (with)
(~와) 연락하고 지내다
I still **keep in touch with** my old school friends.
나는 아직도 옛날 학교 친구들과 연락하고 지낸다.

528 hang out (with)
(~와) 시간을 보내다, 어울려 놀다
She usually **hangs out with** her friends on weekends.
그녀는 보통 주말에 친구들과 어울려 논다.

DAILY TEST

정답 p.152

[01~10] 영어는 우리말로, 우리말은 영어로 쓰세요.

01 link _____
02 trust _____
03 department _____
04 lack _____
05 core _____
06 정의; 공정; 사법; 재판 _____
07 암 _____
08 방어, 수비 _____
09 질병, 병 _____
10 전형적인, 대표적인 _____

[11~15] 다음 밑줄 친 부분을 문맥에 맞게 고쳐 쓰세요.

11 The woman felt a sense of <u>lose</u> when her son left home.

12 Each <u>individually</u> leaf on the tree is different.

13 He is wrong, and I can <u>proof</u> it.

14 I <u>respectful</u> him for his honesty.

15 A <u>typically</u> American breakfast includes eggs and cereal.

인간관계

[16~23] 다음 빈칸에 알맞은 단어를 넣어, 대화를 완성하세요.

A: Who is this in the photo, and who is he ¹⁶_____ to?

B: That's my ¹⁷_____ brother. I ¹⁸_____ him so much! This is him receiving the Medal of ¹⁹_____ from the president. My brother is a very ²⁰_____ person.

A: Wow! You must be very proud! Do you see him often?

B: We ²¹_____ _____. I ²²_____ _____ with him when he's in the country. Unfortunately, I don't have a good ²³_____ with his wife.

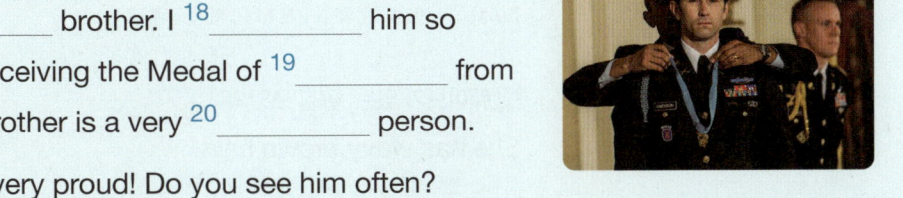

A: 사진 속의 이 사람은 누구이고, 그는 누구에게 ¹⁶**허리를 굽히고** 있나요?
B: 그 사람은 ¹⁷**저보다 나이가 더 많은** 남자 형제예요. 저는 그를 정말 ¹⁸**존경해요**! 이건 그가 대통령으로부터 ¹⁹**명예** 훈장을 받는 모습이에요. 제 형은 매우 ²⁰**충성스러운** 사람이에요.
A: 와! 정말 자랑스러울 것 같아요! 그를 자주 보나요?
B: 우리는 ²¹**연락하고 지내요**. 그가 이 나라에 있을 때 저는 그와 ²²**어울려 놀아요**. 유감스럽게도, 저는 그의 아내와 좋은 ²³**관계**를 갖고 있지 않아요.

DAY 22

DAY 23

>> **remove scratches** from a phone **screen** 핸드폰 화면에서 긁힌 자국을 없애다

529 remove [rimúːv]
동 1 치우다 ⊕ take away 2 없애다, 제거하다 ⊕ get rid of
Remove your books from the kitchen table. 그 식탁에서 네 책들을 치워라.
remove dirt from the surface 표면에서 먼지를 제거하다
removal 명 없애기, 제거

530 scratch [skrætʃ]
동 긁다; 할퀴다 명 긁힌 자국[상처]
Will you **scratch** my back for me? 나를 위해 내 등을 긁어 줄래?
The cat **scratched** me. 그 고양이가 나를 할퀴었다.
There is a **scratch** on my car! 내 차에 긁힌 자국이 있어!

531 screen [skriːn]
명 화면, 스크린
This TV **screen** is not clear. 이 텔레비전은 화면이 선명하지 못하다.
a movie **screen** 영화관 스크린

>> **twisted steel bars** 꼬인 모양의 철제 바

532 twisted [twístid]
형 꼬인, 비틀어진; 접질린
There are pieces of **twisted** metal all over the place. 사방에 휘어진 금속 조각들이 있다.
a **twisted** ankle 접질린 발목
twist 동 비틀어 돌리다[구부리다]; 삐다[접질리다]

Word Link
twisted는 '나선형으로 회전 또는 뒤틀린' 것을 뜻하고, wavy는 '물결 모양의' 곡선이나 패턴을 뜻해요.

533 wavy [wéivi]
형 웨이브가 있는, 물결 모양의
She has **wavy** brown hair. 그녀는 웨이브가 있는 갈색 머리를 갖고 있다.
wavy lines 물결선들

534 steel [stiːl]
명 강철
The body of a car is made of **steel**. 자동차의 몸체는 강철로 만들어져 있다.

535 bar [baːr]
명 1 빗장, 창살 2 (초콜릿·비누 등의) 바; 막대기 (모양의 것)
They put **bars** on their windows to keep thieves out.
그들은 도둑들이 못 들어오게 하기 위해 창문에 창살을 뒀다.
a chocolate **bar** 초콜릿바

›› emergency contact details 비상 연락처

536 emergency
[imə́ːrdʒənsi]
명 비상(사태)
The police usually respond quickly to **emergencies**.
경찰은 보통 비상사태들에 신속히 대응한다.

537 contact
[kάntækt]
명 1 접촉 2 연락   동 연락하다
This disease is spread by physical **contact**. 이 병은 신체적 접촉에 의해 퍼진다.
He lost **contact** with his friends. 그는 친구들과 연락이 끊어졌다.
Please **contact** me at this number. 이 번호로 저에게 연락 바랍니다.

538 detail
[ditéil]
명 1 세부 사항 2 (-s) 상세한 내용[정보]
He described the event in **detail**. 그는 그 사건을 상세하게 묘사했다.
The book is full of historical **details**. 그 책은 역사적 내용들로 가득하다.

Plus+ · in detail 상세하게, 자세히

›› a horrible war totally ruins the country 끔찍한 전쟁이 나라를 완전히 파멸시키다

539 horrible
[hɔ́ːrəbl]
형 끔찍한, 무시무시한
The dish looked **horrible**, but it tasted OK.
그 요리는 끔찍해 보였지만, 맛은 괜찮았다.

horror 명 공포(감)

540 war
[wɔːr]
명 전쟁
Russia was at **war** with Ukraine. 러시아는 우크라이나와 전쟁 중이었다.

Plus+ · be at war 전쟁 중이다

541 totally
[tóutəli]
부 완전히, 전적으로
The new phone was **totally** useless after it fell into the sink.
그 새 전화기는 싱크대에 떨어진 후, 완전히 쓸모가 없어졌다.

542 ruin
[rúːin]
동 파괴하다; 망치다
The bad weather **ruined** our trip.
나쁜 날씨가 우리의 여행을 망쳤다.

543 weapon
[wépən]
명 무기
Guns and swords are **weapons**.
총과 검은 무기들이다.

Word Link
'핵무기(nuclear weapon)'가 도시 전체를 '파괴하기도 (ruin)' 해요.

주제: 인물묘사

544 curl [kə:rl]
동 곱슬곱슬하다[하게 만들다] 명 곱슬머리
Her hair **curls** when it rains. 비가 올 때 그녀의 머리칼은 곱슬곱슬해진다.
curly 형 곱슬곱슬한

545 genius [dʒí:njəs]
명 1 천재 2 특별한 재능
My little brother is a math **genius**. 내 남동생은 수학 천재이다.
She has a **genius** for music. 그녀는 음악에 특별한 재능이 있다.

546 wealthy [wélθi]
형 부유한, 재산이 많은 ⊕ rich
The man comes from a **wealthy** family. 그 남자는 부유한 집안 출신이다.
wealth 명 부(富), 재산

547 laughter [lǽftər]
명 웃음, 웃기
The kids screamed with **laughter** as they watched the clown.
그 아이들은 광대를 보자 웃으며 소리를 질렀다.
laugh 동 (소리 내어) 웃다 명 웃음(소리)

548 responsibility [rispánsəbíləti]
명 책임[맡은 일]
He has a strong sense of **responsibility**. 그는 책임감이 강하다.
responsible 형 책임이 있는; 책임지고 있는

549 pride [praid]
명 1 자랑스러움, 자부심 2 자존심; 자만심
She takes **pride** in her work. 그녀는 자신의 일에 자부심을 가지고 있다.
Plus+ · take pride in ~에 자부심을 갖다, ~을 자랑으로 여기다
proud 형 자랑스러워하는, 자랑스러운; 거만한

550 jealous [dʒéləs]
형 질투하는, 시기하는
She was **jealous** because her sister got the prize.
그녀는 자신의 언니가 그 상을 받아서 질투가 났다.
jealousy 명 질투[시기](심)

551 show off
과시하다, 자랑하다
He bought that sports car to just **show off**.
그는 단지 과시하기 위해 저 스포츠카를 샀다.

552 take after
~을 닮다 ⊕ resemble
She **takes after** her mother. 그녀는 자신의 어머니를 닮았다.

DAILY TEST

정답 p.152

[01~07] 다음 우리말과 같은 뜻이 되도록 빈칸에 알맞은 단어를 쓰세요.

01 물결선들 _____ lines

02 상세하게, 자세히 in _____

03 내 차에 긁힌 자국 a _____ on my car

04 우리의 여행을 망치다 _____ our trip

05 비상 사태들에 신속히 대응하다 respond quickly to _____

06 표면에서 먼지를 제거하다 _____ dirt from the surface

07 그의 친구들과 연락이 끊어지다 lose _____ with his friends

[08~11] 다음 괄호 안의 단어를 문맥에 맞게 알맞은 형태로 바꾸어 빈칸에 쓰세요.

08 There are pieces of _____ metal all over the place. (twist)

09 The dish looked _____, but it tasted OK. (horror)

10 The man comes from a _____ family. (wealth)

11 He has a strong sense of _____. (responsible)

인물묘사

[12~18] 다음 빈칸에 알맞은 단어를 넣어, 이야기를 완성하세요.

Once there was a ¹² _____ lady who had three daughters. They all ¹³ _____ _____ her, but in different ways. One had hair that ¹⁴ _____ down to her waist. She ¹⁵ _____ _____ in front of her friends, just like her mother. The second was a ¹⁶ _____. She was ¹⁷ _____ of everyone else, just like her mother. The third daughter had a lot of money. She took ¹⁸ _____ in her wealth. She was very lazy, just like her mother. Which one would you choose to be?

옛날에 세 딸을 둔 ¹²**부유한** 부인이 있었다. 그들은 모두 그녀를 ¹³**닮았었지만**, 다른 방식으로 닮았다. 한 딸은 허리까지 내려오는 ¹⁴**곱슬곱슬한** 머리카락을 갖고 있었다. 그녀는 자신의 어머니처럼 친구들 앞에서 ¹⁵**과시했다**. 두 번째는 ¹⁶**천재**였다. 그녀는 자신의 어머니처럼 다른 모든 사람을 ¹⁷**질투했**다. 셋째 딸은 돈이 많았다. 그녀는 자신의 부에 대해 ¹⁸**자부심**을 가졌다. 그녀는 자신의 어머니처럼 매우 게을렀다. 당신은 이 중 누가 되길 선택할 것인가?

DAY 23

DAY 24

>> buy **valuable** **equipment** on **credit** 외상으로 귀중한 장비를 구입하다

| 553 | **valuable** [væljuəbl] | 형 1 값비싼 (반) worthless 2 소중한, 귀중한 (유) precious
He lost his **valuable** watch. 그는 자신의 값비싼 시계를 잃어버렸다.
waste **valuable** time 귀중한 시간을 낭비하다
value 명 (금전적) 가치; 가치, 중요성, 유용성 |

| 554 | **equipment** [ikwípmənt] | 명 장비, 용품
We bought new **equipment** for our camping trip, including a tent.
우리는 텐트를 포함해서, 우리의 캠핑 여행을 위해 새로운 장비를 구매했다.
office **equipment** 사무용품 |

| 555 | **credit** [krédit] | 명 외상[신용] 거래
What is the limit on this **credit** card? 이 신용 카드의 한도는 얼마인가요?
on **credit** 외상으로 |

>> **launch** a **public** **campaign** to **reduce** smoking 흡연을 줄이기 위한 공공 캠페인을 시작하다

| 556 | **launch** [lɔːntʃ] | 동 시작[개시]하다; (상품을) 출시하다
She plans to **launch** a new business. 그녀는 신규 사업을 시작할 계획이다.
The enemy **launched** an attack at midnight. 적이 자정에 공격을 개시했다.
launch a new product 신상품을 출시하다 |

| 557 | **public** [pʌ́blik] | 형 1 대중의 2 공공의 (반) private 명 (the ~) 대중
There is **public** concern about school violence.
학교 폭력에 대한 대중의 우려가 있다.
public education 공교육
The **public** is angry with the President. 대중이 대통령에게 화가 났다. |

| 558 | **campaign** [kæmpéin] | 명 (사회적·정치적) 운동, 캠페인
The group is leading a **campaign** against air pollution.
그 그룹은 공기 오염에 반대하는 캠페인을 이끌고 있다. |

| 559 | **reduce** [ridjúːs] | 동 줄이다[축소하다]; 낮추다 (유) decrease
The teacher **reduced** the amount of homework. 그 교사는 숙제의 양을 줄였다.
reduce prices 값을 낮추다[내리다] |

≫ immediately notice your absence 너의 부재를 즉시 알아차리다

560 immediately [imíːdiətli]
부 즉시, 즉각
The phone rang, and she answered it **immediately**.
전화가 울렸고, 그녀는 즉시 그 전화를 받았다.
immediate 형 즉각적인; 당면한

561 notice [nóutis]
명 1 주목[신경을 씀] 2 통지, 예고   동 알아차리다
Take no **notice** of what he says. 그가 하는 말에 신경 쓰지 마.
All trains were canceled without **notice**. 예고도 없이 모든 열차가 취소되었다.
I **noticed** that the man was staring at me.
나는 그 남자가 나를 응시하고 있다는 것을 알아차렸다.
Plus+ · take no notice of ~을 신경 쓰지 않다[무시하다]

562 absence [ǽbsəns]
명 결석, 결근; 없음
She had many **absences** from work. 그녀는 직장에 많이 결근했다.
absent 형 결석한, 결근한; 없는, 결여된

≫ a sincere/formal apology for an error 실수에 대한 진실된/공식적인 사과

563 sincere [sinsíər]
형 진실된, 진심 어린
He gave me **sincere** advice. 그는 내게 진실된 충고를 해주었다.
sincerely 부 진심으로

564 formal [fɔ́ːrməl]
형 1 격식을 차린 (반) informal 2 공식적인 (반) informal
Wear **formal** dress to the party. 그 파티에 격식을 차린 복장을 하고 와라.

565 informal [infɔ́ːrməl]
형 1 격식을 차리지 않는 (반) formal
  2 비공식의 (반) formal
She talked in an **informal** manner.
그녀는 격식 없는 태도로 이야기했다.
The two nations had an **informal** meeting. 그 두 나라는 비공식적인 회담을 했다.

Word Link
in-(반대, 부정) + formal(공식적인) → informal(비공식의)

566 apology [əpálədʒi]
명 사과, 사죄
Please accept my **apology**. 제 사과를 받아주세요.
apologize 동 사과하다

567 error [érər]
명 실수, 오류 (유) mistake
I made an **error** in spelling. 나는 철자에서 실수를 했다.

주제: 시간/순서/방향

568 afterward [ǽftərwərd]
- 부 나중에, 후에 유 later
- She left home, and he arrived soon **afterward**.
- 그녀가 집을 나서고, 나중에 곧 그가 도착했다.

569 backward [bǽkwərd]
- 부 1 뒤쪽으로 반 forward 2 거꾸로 반 forward
- He took a step **backward**. 그는 한 걸음 뒤로 물러섰다.
- count **backward** from ten 10부터 거꾸로 세다

570 following [fálouiŋ]
- 형 1 (시간상으로) 다음의 2 다음에 나오는
- I got a letter and read it the **following** day.
- 나는 편지 한 통을 받았고 다음날 그것을 읽었다.
- Answer the **following** questions. 다음에 나오는 질문들에 답하세요.

571 instant [ínstənt]
- 형 즉시의[즉각적인] 유 immediate 명 순간 유 moment
- The movie was an **instant** success. 그 영화는 즉각적인 성공을 거두었다.
- in an **instant** 곧, 당장, 즉시
- **instantly** 부 즉각, 즉시

572 directly [dəréktli]
- 부 곧장, 똑바로 유 straight
- The plane goes **directly** to New York. 이 비행기는 곧장 뉴욕으로 간다.
- **direct** 형 직접적인 동 지휘[총괄]하다; (길을) 안내하다, 가리키다

573 recent [ríːsnt]
- 형 최근의
- He has gained a lot of weight in **recent** months.
- 그는 최근 몇 달 동안 살이 많이 쪘다.
- **recently** 부 최근에

574 period [píːəriəd]
- 명 1 기간 2 (역사적으로 구분된) 시대
- I am on vacation for a **period** of two weeks. 나는 2주의 기간 동안 휴가 중이다.
- the Cold War **period** 냉전 시대

575 at the same time
- 동시에
- We arrived at home **at the same time**. 우리는 동시에 집에 도착했다.

576 point at
- (손가락으로) ~을 가리키다
- The girl **pointed at** the ice cream that she wanted.
- 그 소녀는 자신이 원하는 아이스크림을 가리켰다.

DAILY TEST

정답 p.152

[01~12] 영어는 우리말로, 우리말은 영어로 쓰세요.

01 public _____
02 launch _____
03 reduce _____
04 campaign _____
05 equipment _____
06 notice _____

07 사과, 사죄 _____
08 결석, 결근; 없음 _____
09 진실된, 진심 어린 _____
10 실수, 오류 _____
11 외상[신용] 거래 _____
12 즉시, 즉각 _____

[13~16] 다음 밑줄 친 부분과 바꿔 쓸 수 있는 알맞은 표현을 골라 연결하세요.

13 I made an <u>error</u> in spelling. • • ⓐ straight
14 She left home, and he arrived soon <u>afterward</u>. • • ⓑ decreased
15 The plane goes <u>directly</u> to New York. • • ⓒ later
16 The teacher <u>reduced</u> the amount of homework. • • ⓓ mistake

시간/순서/방향

[17~23] 다음 빈칸에 알맞은 단어를 넣어, 이야기를 완성하세요.

Let's go to the theater. I want to see the 17_____ *Macbeth*. It takes place in the Victorian 18_____. I love historical plays! 19_____ we can have hamburgers. We should catch the train home to London at 7 p.m. The 20_____ train goes 21_____ to Liverpool. That's no good for us! A bus leaves 22_____ _____ _____ _____, but it takes a lot longer. A taxi will take us home in an 23_____. But it's very expensive.

극장에 가자. 나는 ¹⁷**최근의** 맥베스를 보고 싶어. 그것은 빅토리아 ¹⁸**시대**에 일어난 이야기야. 나는 역사극을 좋아해! ¹⁹**이후에** 우리는 햄버거도 먹을 수 있어. 우리는 오후 7시에 런던으로 가는 기차를 타야 해. ²⁰**다음에 오는** 기차는 ²¹**곧장** 리버풀로 가. 그건 우리에게 좋지 않아! 버스는 ²²**동시에** 출발하긴 하지만, 시간이 훨씬 더 오래 걸려. 택시는 우리를 ²³**즉시** 집으로 데려다 주긴 하지만, 그건 매우 비싸.

DAY 25

>> **refuse** to **refund** you without a **receipt** 영수증 없이 환불해 주길 거부하다

577 **refuse**
[rifjúːz]

동 거절[거부]하다

She **refused** to tell me her phone number.
그녀는 내게 자신의 전화번호를 말해주기를 거부했다.

refusal 명 거절, 거부

578 **refund**
[ríːfʌnd]

명 환불(금) 동 [rifʌ́nd] 환불하다

She asked for a full **refund**. 그녀는 전액 환불을 요구했다.
The theater **refunded** our money when the show was canceled.
그 공연이 취소되자 그 극장은 우리 돈을 환불해 줬다.

579 **receipt**
[risíːt]

명 영수증

Keep **receipts** for everything you buy.
당신이 구매하는 모든 것의 영수증들을 보관하세요.

>> **prefer** online **payment methods nowadays** 요즘에는 온라인 결제 방법을 선호한다

580 **prefer**
[prifə́ːr]

동 (~보다) ~을 더 좋아하다[선호하다] ((to))

He **prefers** potatoes to all other vegetables.
그는 모든 다른 채소들보다 감자를 더 좋아한다.

Plus+ · prefer A to B   B보다 A를 더 좋아하다

581 **payment**
[péimənt]

명 지급, 지불

You can make a **payment** at any bank. 어느 은행이든 납부할 수 있다.

Plus+ · make (a) payment   납부[지불]하다
pay 동 (돈을) 지불하다, 내다   명 급료, 보수

582 **method**
[méθəd]

명 방법, 방식

The farmer developed a new **method** for growing tomatoes.
그 농부는 토마토를 재배하기 위한 새로운 방법을 개발했다.

583 **nowadays**
[náuədèiz]

부 요즘에   유 these days

People don't read books much **nowadays**.
요즘에 사람들은 책을 많이 읽지 않는다.

›› this material/rubber stretches easily 이 재료는/고무는 잘 늘어난다

584 material
[mətíəriəl]

명 1 재료, 원료 2 자료

The **materials** for the tree house include wood and stone.
그 나무집을 위한 재료는 나무와 돌을 포함한다.
reading **material** 읽기 자료[읽을거리]

585 rubber
[rʌ́bər]

명 고무

The ball is made of **rubber**. 그 공은 고무로 만들었다.

586 stretch
[stretʃ]

동 1 늘어나다; (잡아당겨) 늘이다 2 (팔·다리를) 뻗다

This T-shirt has **stretched**. 이 티셔츠는 늘어났다.
Always **stretch** before exercising. 운동하기 전에 늘 스트레칭을 하라.

›› limit the negative effects of climate change 기후 변화의 부정적인 효과를 제한하다

587 limit
[límit]

명 제한; 한계(선) 동 제한[한정]하다

There is an age **limit** for Olympic soccer teams.
올림픽 축구팀에는 나이 제한이 있다.
limit the speed of cars 자동차의 속도를 제한하다

588 negative
[négətiv]

형 부정적인, 나쁜 반 positive

Why are you **negative** about everything?
너는 왜 모든 것에 대해 부정적이니?

589 positive
[pázətiv]

형 긍정적인, 좋은 반 negative

The movie received a **positive** response from the audience.
그 영화는 관객들로부터 긍정적인 반응을 얻었다.

> **Word Link**
> negative(부정적인)와 positive(긍정적인)는 서로 반대되는 의미를 가져요.

590 effect
[ifékt]

명 영향; 결과, 효과 ((on, of))

Global warming can have serious **effects** on the environment.
지구 온난화는 환경에 심각한 영향을 미칠 수 있다.
effective 형 효과적인, 효력이 있는

591 climate
[kláimit]

명 기후

The country's **climate** is ideal for growing oranges.
그 나라의 기후는 오렌지를 재배하는 데 이상적이다.
참고 **weather** 날씨, 기상, 일기

주제: 기계와 도구

592 faucet [fɔ́ːsit]
명 수도꼭지 유 tap
Turn off the **faucet** when you brush your teeth.
네가 양치할 때는 수도꼭지를 잠가라.

593 filter [fíltər]
명 필터, 여과 장치 동 여과하다
Every car has an oil **filter**. 모든 차에는 오일 필터가 있다.
filter water before drinking 마시기 전에 물을 여과하다

594 chain [tʃein]
명 1 사슬, 체인 2 연쇄, 연속
I tied my bicycle to a tree with a **chain**. 나는 사슬로 내 자전거를 나무에 묶었다.
a **chain** reaction 연쇄 반응

595 satellite [sǽtəlàit]
명 (인공)위성, 위성 (장치)
Satellites help us predict the weather.
인공위성은 우리가 날씨를 예측할 수 있게 도와준다.

596 edge [edʒ]
명 1 끝, 가장자리, 모서리 2 (칼 등의) 날
She sat on the **edge** of the bed. 그녀는 침대의 끝에 앉았다.
I hit my knee on the **edge** of the table. 나는 책상 모서리에 내 무릎을 부딪쳤다.
The knife has a sharp **edge**. 그 칼은 예리한 날이 있다.

597 pump [pʌmp]
명 펌프 동 (펌프로) 퍼내다
He used a bicycle **pump** to put air into his tire.
그는 자전거 펌프를 이용해서 자신의 타이어에 공기를 넣었다.
pump water out of a basement 지하실 밖으로 물을 퍼내다

598 cable [kéibl]
명 (철사의) 케이블, 전선
The bridge hangs from heavy **cables**. 그 다리는 굵은 케이블에 매달려 있다.
We lost electricity when the **cable** broke in the storm.
폭풍에 전선이 끊어졌을 때 우리는 전기를 잃었다.

599 cut off
1 잘라내다 유 remove 2 (공급을) 중단하다[끊다]
She **cut off** the price tag with scissors. 그녀는 그 가격표를 가위로 잘라냈다.
I couldn't watch TV because the electricity was **cut off**.
전기가 끊겼기 때문에 나는 TV를 볼 수 없었다.

600 be familiar with
~에 익숙하다[친숙하다]
Are you **familiar with** this type of camera?
당신은 이런 종류의 카메라에 익숙합니까?

DAILY TEST

정답 p.152

[01~10] 영어는 우리말로, 우리말은 영어로 쓰세요.

01 prefer _____
02 refuse _____
03 negative _____
04 material _____
05 stretch _____

06 긍정적인, 좋은 _____
07 지급, 지불 _____
08 고무 _____
09 요즘에 _____
10 영수증 _____

[11~13] 다음 빈칸에 알맞은 단어를 고르세요.

11 The farmer developed a new _____ for growing tomatoes.
   ⓐ refund   ⓑ payment   ⓒ method   ⓓ limit

12 The country's _____ is ideal for growing oranges.
   ⓐ effect   ⓑ climate   ⓒ rubber   ⓓ receipt

13 Global warming can have serious _____ on the environment.
   ⓐ refunds   ⓑ edges   ⓒ limits   ⓓ effects

기계와 도구

[14~21] 다음 빈칸에 알맞은 단어를 넣어, 이야기를 완성하세요.

My grandfather is an engineer. He is a useful person to know. He helped me fix the 14_____ on my bike and put air into my tires with a bicycle 15_____. He changed the oil 16_____ in Dad's car. One day, he let me 17_____ a piece of metal pipe – just for fun. He is even 18_____ _____ 19_____ dishes. Ours blew off in a storm. He stood on the 20_____ of the roof and tied it back on with a 21_____.

우리 할아버지는 기술자이다. 그는 알아 두면 유용한 사람이다. 그는 내가 자전거 14**체인**을 고치고 자전거 15**펌프**로 내 타이어에 공기를 주입하는 것을 도와주었다. 그는 아빠 차의 오일 16**필터**를 교체해 주었다. 어느 날, 할아버지는 내가 금속 파이프 조각을 17**잘라낼** 수 있게 해주었다. 그저 재미로 말이다. 그는 심지어 접시형 19**위성** 안테나에 대해서도 18**익숙하다**[잘 안다]. 우리 위성 안테나가 폭풍으로 날아갔다. 할아버지는 지붕의 20**가장자리**에 서서 21**케이블**로 그것을 지붕에 다시 묶었다.

DAY 25 • 119

REVIEW TEST DAY 21~25

A 덩어리 표현 우리말에 맞게 빈칸을 채워 핵심 표현을 완성하세요.

01 make no _____ comment on the _____   파업에 대해 공식 논평을 하지 않다

02 _____ a _____ ceremony   졸업식에 참석하다

03 a _____ description of the French _____   프랑스 혁명에 대한 생생한 묘사

04 _____ with _____ mounting national debt   급격히 증가하는 국가 부채를 다루다

05 lack _____ for _____ freedom   개인의 자유에 대한 존중이 부족하다

06 _____ in the _____ department   사법부에 대한 신뢰

07 _____ a link between smoking and lung _____
    흡연과 폐암 사이의 관련성을 증명하다

08 a _____ feature of Alzheimer's _____   알츠하이머병의 전형적인 특징

09 _____ scratches from a phone _____   핸드폰 화면에서 긁힌 자국을 없애다

10 _____ _____ bars   꼬인 모양의 철제 바

11 _____ _____ details   비상 연락처

12 a horrible _____ _____ ruins the country   끔찍한 전쟁이 나라를 완전히 파멸시키다

13 buy _____ equipment on _____   외상으로 귀중한 장비를 구입하다

14 launch a _____ campaign to _____ smoking
    흡연을 줄이기 위한 공공 캠페인을 시작하다

15 _____ notice your _____   너의 부재를 즉시 알아차리다

16 a _____ _____ for an error   실수에 대한 공식적인 사과

17 _____ to _____ you without a receipt   영수증 없이 환불해 주길 거부하다

18 _____ online payment methods _____   요즘에는 온라인 결제 방법을 선호한다

19 this _____ _____ easily   이 고무는 잘 늘어난다

20 _____ the _____ effects of climate change   기후 변화의 부정적인 효과를 제한하다

B 주제별 어휘   우리말에 맞게 빈칸을 채워 문장을 완성하세요.

교육과 연구
01 Tell me about your article in The _____ of Thinking.
생각[사고] 학술지에 실린 당신의 기사에 대해 말해달라.

02 I look at the _____ of _____ events.
나는 사건을 암기하는 과정을 살펴본다.

03 I _____ with other scientists who are _____ this subject.
나는 이 주제를 조사하고 있는 다른 과학자들과 협업한다.

인간관계
04 Who is he _____ to?
그는 누구에게 허리를 굽히고 있는가?

05 My brother is a very _____ person.
나의 형은 매우 충성스러운 사람이다.

06 We _____ _____ _____.
우리는 연락하고 지낸다.

인물묘사
07 Once there was a _____ lady who had three daughters.
옛날에 세 딸을 둔 부유한 부인이 있었다.

08 She _____ _____ in front of her friends.
그녀는 친구들 앞에서 과시했다.

09 She took _____ in her wealth.
그녀는 자신의 부에 대해 자부심을 가졌다.

시간/순서/방향
10 I want to see the _____ Macbeth.
나는 최근의 맥베스를 보고 싶다.

11 The _____ train goes _____ to Liverpool.
다음에 오는 기차는 곧장 리버풀로 간다.

12 A taxi will take us home in an _____.
택시는 우리를 즉시 집으로 데려다 줄 것이다.

기계와 도구
13 He let me _____ _____ a piece of metal pipe.
그는 내가 금속 파이프 조각을 잘라낼 수 있게 해주었다.

14 He is even _____ _____ _____ dishes.
그는 심지어 위성 안테나에 대해서도 익숙하다[잘 안다].

15 He stood on the _____ of the roof.
그는 지붕의 가장자리에 섰다.

현지영어 엿보기!

영어 이야기

English

졸업생들이 돌아오는
홈커밍데이 Homecoming Day

홈커밍데이는 학교에서 매년 열리는 굉장히 큰 이벤트 중 하나예요. 동창회처럼 학교 졸업생들이 학교로 다시 돌아오는 날이라 homecoming이라고 해요. 졸업생들의 가족이나 지역 주민들까지 함께 즐기는 파티로, 테마에 맞춘 특별한 코스튬을 입거나 자선행사를 열기도 해요. 풋볼 시합, 댄스파티 등 여러 가지 이벤트가 약 일주일간 개최된답니다.

고등학생들의 로망
프롬 파티 Prom

미국 드라마의 단골 소재인 프롬 파티는 고등학교를 졸업하는 학생들을 위한 파티예요. 미국은 졸업과 동시에 독립하는 경우가 많아, 학생들에게 프롬은 성인식과 비슷한 의미랍니다. Prom은 'promenade(무도회)'의 줄임말이에요. 학생들은 턱시도와 드레스를 정성 들여 갖춰 입고, 서로에게 꽃으로 만든 코사지와 부토니에를 선물한 후 파티장에 가서 파트너와 춤을 추지요.

동네 사람들과 함께하는
블록 파티 Block Party

같은 블록 내에 사는 이웃들끼리 하는 파티로, 말 그대로 블록에서 하는 파티라고 볼 수 있어요. Neighborhood party라고도 하죠. 편안한 분위기에서 같이 바베큐를 구워 먹거나 각자 음식을 가져와 나눠 먹는 자리예요. 노래를 부르거나 춤을 추면서 즐길 때도 있어요. 활기찬 동네를 만들어내는 파티랍니다.

Part 2

DAY 26~30

다양한 유형의 어휘

DAY 26

다의어 1 » 의외의 뜻을 갖고 있는 어휘

601 account [əkáunt]

명 1 설명[기술] ⊕ description
She gave an interesting **account** of her vacation.
그녀는 자신의 방학에 대한 재미있는 설명을 해주었다.

명 2 (돈에 대한 설명을 해주는) 계좌
The boy doesn't have a bank **account**. 그 소년은 은행 계좌가 없다.

602 mean [miːn]

동 의미하다, 뜻하다
The red light **means** "stop." 빨간 불은 "정지"를 의미한다.

형 못된, 심술궂은 ⊕ unkind
The **mean** girl likes to make fun of others.
그 심술궂은 소녀는 다른 사람들을 놀리는 것을 좋아한다.

603 company [kʌ́mpəni]

명 1 (빵[이익]을 나누는) 회사 ⊕ firm
The **company** makes computer parts. 그 회사는 컴퓨터 부품을 만든다.

> **Word Tip**
> com(함께) + panio(빵) → 함께 빵을 나누다

명 2 (빵을 함께 먹는) 손님; 함께 있음
We are having **company** for dinner. 우리는 저녁 식사를 같이할 손님이 있다.
I enjoy her **company**. 나는 그녀와 함께 있는 것이 좋다.

604 stress [stres]

명 1 스트레스, 압박감
He is under a lot of **stress** at work. 그는 직장에서 많은 스트레스를 받고 있다.
Plus+ · be under stress 스트레스를 받고 있다

명 2 강조 동 강조하다 ⊕ emphasize
My parents put a lot of **stress** on good manners.
나의 부모님은 예의 바른 행동을 많이 강조한다.
stress the importance of exercise 운동의 중요성을 강조하다

605 tire [taiər]

동 피곤하게[지치게] 하다
The soccer practice today really **tired** me.
오늘 축구 연습이 나를 정말 피곤하게 했다.
tired 형 피곤한, 지친; (~에) 싫증난

명 (자동차 등의) 타이어
The old car needs new **tires**. 그 오래된 차는 새 타이어가 필요하다.

다의어 2 ›› 뜻이 확장되는 어휘

606 view [vjuː]

명 1 경치, 전망
I want a room with a sea **view**. 나는 바다 전망의 방을 원한다.

명 2 (사물이나 상황에 대한 전망) 견해, 의견 ⊕ opinion
He told me his **views** on public education.
그는 내게 공교육에 대한 자신의 견해를 말했다.

607 major [méidʒər]

형 주요한, 중대한 ⊖ minor
What are the **major** causes of air pollution? 대기 오염의 주요 원인은 무엇인가?
a **major** event 중대한 사건

명 (대학에서 주요하게 공부하는 것) 전공 동 전공하다
Her **major** in college was English. 대학에서 그녀의 전공은 영어였다.
major in history 역사를 전공하다

608 puzzle [pʌzl]

명 퍼즐 (퀴즈); 수수께끼
I put together the pieces of the **puzzle**. 나는 그 퍼즐의 조각들을 맞췄다.

동 (어려운 퍼즐에 당황하다) 어리둥절하게 만들다
The math question **puzzled** me. 그 수학 문제는 나를 어리둥절하게 했다.

609 stroke [strouk]

명 1 타격[치기], 스트로크
The player put his ball in the hole in three **strokes**.
그 선수는 세 번의 타격으로 자신의 공을 홀 안에 넣었다.

명 2 (뇌에 심한 타격을 입어 몸이 마비되다) 뇌졸중
Some **stroke** patients can't speak. 일부 뇌졸중 환자들은 말을 할 수 없다.

610 matter [mǽtər]

명 1 물질
Matter is solid, liquid, or gas. 물질은 고체이거나 액체이거나 또는 기체이다.

Word Tip
라틴어 materia의 '무엇이 만들어지는 물질'에서 유래해요.

명 2 (논란을 만들 수 있는 물질) 문제[일/사안] 동 문제 되다, 중요하다
They discussed business **matters**. 그들은 사업상의 문제를 의논했다.
Money doesn't **matter** to me. 돈은 내게 중요하지 않다.

611 patient [péiʃənt]

형 참을성[인내심] 있는 ⊖ impatient
He is **patient** with young children. 그는 어린아이들에게 참을성 있게 대한다.

명 (고통을 참아내야만 하는 사람) 환자
My mother is a **patient** in the hospital. 내 어머니는 그 병원의 환자이다.

patience 명 참을성, 인내력

다의어 3 >> 다양한 뜻을 갖고 있는 어휘

612 beat
[biːt]

동 (beat-beaten) 1 때리다[두드리다]
2 〔경기에서 상대방을 때려 눕히다〕 이기다 ↔ defeat

The man **beat** the door with his fists. 그 남자는 주먹으로 그 문을 두드렸다.
She **beat** me at badminton. 그녀가 배드민턴에서 나를 이겼다.

명 1 (연달아) 때림; 맥박
2 박자, 비트

Do you hear the **beat** of drums? 너는 북치는 소리가 들리니?
dance to the **beat** of the music 음악의 박자에 맞춰 춤추다

613 degree
[digríː]

명 1 (온도·각도 따위의) 도
2 정도; 단계
3 학위

Bend your elbow to 90 **degrees**. 당신의 팔꿈치를 90도로 구부리세요.
This job requires a high **degree** of skill. 이 직업은 높은 정도의 기술을 필요로 한다.
She has a university **degree**. 그녀는 대학 학위를 가지고 있다.

614 bill
[bil]

명 1 〔각종 요금이 적힌 문서〕 고지서, 청구서
2 〔금액이 적힌 문서〕 지폐
3 〔법률 안건이 적힌 문서〕 법안

Word Tip
라틴어 billa(=공식문서)에서 유래해요.

She pays her **bills** on time. 그녀는 제때 자신의 고지서들을 납부한다.
He handed me a 10-dollar **bill**. 그는 내게 10달러 지폐를 건넸다.
pass a new education **bill** 새 교육 법안을 통과시키다

615 rate
[reit]

명 1 비율, -율
2 〔비율에 따라 정해진〕 속도 ↔ speed
3 〔서비스의 정도[비율]에 따라 달리 정해지는〕 요금 ↔ cost, price

South Korea's birth **rate** is very low. 한국의 출생률은 매우 낮다.
drive at a **rate** of 60 kilometers per hour 시간당 60킬로미터의 속도로 운전하다
The electricity **rate** is high in this country. 이 나라에서는 전기 요금이 높다.

616 rough
[rʌf]

형 1 (표면이) 거친, 고르지 않은 ↔ smooth, soft
2 〔거칠고 조잡하게 하는〕 대강의
3 힘든 ↔ tough, difficult

His hands were big and **rough**. 그의 손은 크고 거칠었다.
have a **rough** idea of ~에 대해 대강 알다[파악하다]
She had a **rough** childhood. 그녀는 힘든 유년 시절을 보냈다.

roughly 부 대략, 거의; 거칠게

617 tip
[tip]

Word Tip
중세 영어에서 '주다(=give)'라는 뜻을 가진, 도둑들의 은어로부터 기원해요.

명 1 (뾰족한) 끝
2 (공짜로 주는 돈) 팁, 봉사료
3 (개인적으로 주는 정보) 조언 ❂ advice

There is a fly on the **tip** of his nose. 그의 코 끝에 파리 한 마리가 있다.
Did you leave a **tip** at the restaurant? 당신은 그 식당에 팁을 남겨 두었나요?
give us some useful **tips** 우리에게 몇 가지 유용한 조언을 해주다

618 suit
[suːt]

명 정장

He must wear a **suit** to work. 그는 직장에 정장을 입어야 한다.

동 1 맞다, 적합하다
2 (옷, 색상 등이 잘 맞아서) 어울리다

Country life **suits** me perfectly. 시골 생활은 내게 완벽하게 맞다.
The black jacket really **suits** you. 그 검정 재킷은 너에게 매우 잘 어울린다.

DAILY TEST

정답 p.153

[01~07] 다음 문장을 읽고, 밑줄 친 부분의 뜻을 쓰세요.

01 She has a university <u>degree</u>.   뜻: _____
02 We are having <u>company</u> for dinner.   뜻: _____
03 The math question <u>puzzled</u> me.   뜻: _____
04 She pays her <u>bills</u> on time.   뜻: _____
05 Some <u>stroke</u> patients can't speak.   뜻: _____
06 The <u>mean</u> girl likes to make fun of others. 뜻: _____
07 Country life <u>suits</u> me perfectly.   뜻: _____

[08~10] 다음 밑줄 친 부분의 유의어 또는 반의어를 고르세요.

08 His hands were big and <u>rough</u>.   [반의어] ⓐ smooth ⓑ hard
09 He told me his <u>views</u> on public education. [유의어] ⓐ concerns ⓑ opinions
10 She <u>beat</u> me at badminton.   [유의어] ⓐ defeated ⓑ tricked

DAY 27

다의어 1 >> 의외의 뜻을 갖고 있는 어휘

619 address [ədrés, ǽdres]

Word Tip 고대 프랑스어 adrecier의 '곧장 향하다'에서 유래해요.

명 1 (편지가 향하게 하는 것) 주소
You should write your **address** on the envelope.
너는 봉투에 너의 주소를 써야 한다.

명 2 (누군가를 향해 말하는 것) 연설
They watched the President's **address** on TV.
그들은 TV로 대통령의 연설을 지켜봤다.

620 tap [tæp]

명 수도꼭지 ⊕ faucet
He forgot to turn the **tap** off. 그는 수도꼭지를 잠그는 것을 잊었다.

동 톡톡 치다
Someone **tapped** on my shoulder, so I turned around.
누군가가 내 어깨를 톡톡 쳐서 나는 돌아 보았다.

621 trip [trip]

명 여행 ⊕ journey
We made a **trip** to London. 우리는 런던을 여행했다.
Plus+ · make a trip to ~를 여행하다

동 발을 헛디디다; 걸려 넘어지다
I **tripped** and fell. 나는 발을 헛디뎌 넘어졌다.

622 party [pá:rti]

명 1 (사교적) 모임, 파티
Are you going to the **party** tonight? 너는 오늘 밤에 그 파티에 갈 거니?

명 2 (어떤 정책을 지지하는 사람들의 모임) 정당, -당
The **party** chose a new leader. 그 정당은 새로운 지도자를 뽑았다.

명 3 단체, 일행 ⊕ group
A **party** of tourists booked a hotel. 한 관광객 단체가 호텔을 예약했다.

623 lie [lai]

동 (lay-lain) 1 눕다; 놓여 있다
Don't **lie** in the sun for too long. 너무 오랫동안 태양 아래 누워있지 마라.
A letter **lay** on the table. 편지 한 통이 테이블 위에 놓여 있었다.

동 (lied-lied) 2 거짓말하다 명 거짓말
She **lied** about her age. 그녀는 자신의 나이에 대해 거짓말을 했다.
tell a **lie** 거짓말하다

624 custom
[kʌ́stəm]

명 1 풍습, 관습
There is a **custom** of giving gifts at Christmas.
크리스마스 때 선물을 주는 풍습이 있다.

명 2 (-s) (공항·항구의) 세관 (통과소)
go through **customs** at the airport 공항에서 세관을 통과하다

다의어 2 >> 뜻이 확장되는 어휘

625 raise
[reiz]

동 1 들어올리다 ⓤ lift; (수·양 등을) 올리다[높이다] ⓤ increase
He **raised** his head and looked at me. 그는 머리를 들어 나를 보았다.
They **raised** the price of fruit. 그들은 과일값을 올렸다.

동 2 (아이나 동물을 위로 자라게 하다) 키우다[기르다]
She was **raised** in a happy family. 그녀는 행복한 가정에서 길러졌다.

626 observe
[əbzə́ːrv]

Word Tip
ob(=toward) + serve(=keep, watch): 지키고 살피다

동 1 관찰[관측]하다, 지켜보다 ⓤ watch
I like to **observe** the stars at night. 나는 밤에 별들을 관찰하는 것을 좋아한다.

동 2 (어떤 것을 지키다) 준수하다 ⓤ obey, follow
You must **observe** the rules of the game. 너는 게임의 규칙을 준수해야 한다.

observation 명 관찰, 관측, 주시

627 press
[pres]

동 누르다 ⓤ push
The doctor **pressed** the patient's stomach. 그 의사는 그 환자의 배를 눌렀다.

명 (책이란 종이를 눌러서 찍는 것) (the ~) 신문, 언론
The **press** reported the accident. 언론에서 그 사고를 보도했다.

628 chief
[tʃiːf]

형 주요한, 주된 ⓤ main
Health is their **chief** concern. 건강이 그들의 주된 관심사이다.

명 (주요한 지위에 있는 사람) 우두머리, (조직·집단의) 장(長)
The **chief** of the tribe is wise. 그 부족의 우두머리는 현명하다.

629 reason
[ríːzn]

명 1 이유, 원인; 근거
What was the **reason** for the delay? 지연의 이유는 무엇이었죠?

명 2 (이유나 근거를 바탕으로 합리적으로 생각하는) 이성
Humans have the power of **reason**. 인간은 이성의 힘을 갖고 있다.

다의어 3 >> 다양한 뜻을 갖고 있는 어휘

630 cast [kæst]

Word Tip
'던지다(=throw)'라는 기본 의미를 가지고 있어요.

동 (cast-cast) 1 (내)던지다 ⓤ throw
2 (시선이나 미소를 던지다) (시선 등을) 보내다
3 (영화 등에서 특정 역할을 배우에게 던지다) 배역을 정하다[맡기다]

People **cast** their coins into the fountain. 사람들은 그 분수에 동전을 던진다.
She **cast** her eyes on the ocean. 그녀는 바다로 눈길을 보냈다.
They **cast** her as the queen in the movie.
그들은 그 영화에서 그녀에게 여왕의 배역을 맡겼다.

631 fit [fit]

동 꼭 맞다; 어울리다
Does the school uniform **fit** you well? 그 교복은 네게 꼭 맞니?
The song didn't **fit** the party. 그 노래는 파티에 어울리지 않았다.

형 1 (어떤 상황이나 목적 등에 딱 맞다) 적합한, 알맞은 ⓤ proper
2 (몸 상태가 알맞은) 건강한 ⓤ healthy

This movie is not **fit** for children. 이 영화는 아이들에게 적합하지 않다.
He jogs every day to keep **fit**. 그는 건강을 유지하기 위해 매일 조깅한다.

632 shoot [ʃuːt]

동 (shot-shot) 1 (총 등을) 쏘다
2 (총을 쏘듯이 공을 쏘다) (스포츠에서) 슛을 하다
3 (카메라의 불빛을 쏘다) (영화·사진을) 촬영하다

The hunter **shot** at the rabbit. 그 사냥꾼은 그 토끼를 향해 총을 쏘았다.
He **shot** from the middle of the field. 그는 경기장 중간에서 슛을 했다.
shoot a movie 영화를 촬영하다

633 spot [spɑt]

명 1 (반)점
2 (지도상의 특정한 점) (특정한) 곳[장소]

The dog has black **spots** on its back. 그 개는 등에 검은 점들이 있다.
We found a nice **spot** on the beach. 우리는 해변에서 멋진 장소를 찾았다.

동 (특정한 장소에 있는 것을 찾다) 발견하다, 알아채다 ⓤ notice
I **spotted** my mother in the crowd. 나는 그 군중 속에서 내 어머니를 발견했다.

634 plain [plein]

Word Tip
'평평한(=flat)'이라는 기본 의미를 가지고 있어요.

명 (나무도 없이 평평한 넓은 땅) (-s) 평지, 평원
High mountains rise above the **plains**. 높은 산들이 평지 위로 우뚝 솟아 있다.

형 1 (딱 트여서 모든 것이 잘 보이는) 분명한 ⓤ clear, obvious
2 (아무 것도 없어 단조로운) 소박한, 꾸미지 않은 ⓤ simple

It was **plain** that he was angry. 그가 화가 났다는 것은 분명했다.
She wore a **plain** white dress. 그녀는 소박한 흰색 드레스를 입었다.

635 treat
[triːt]

- 통 1 대하다[다루다]
- 2 (어떤 질병을 다루다) 치료하다, 처치하다
- 3 (어떤 사람을 좋게 대하다) 대접하다, 한턱내다

The teacher **treats** the students fairly. 그 교사는 그 학생들을 공평하게 대한다.
The doctor **treated** the patient with a new drug.
그 의사는 신약으로 그 환자를 치료했다.
He **treated** us to lunch. 그는 우리에게 점심을 대접했다.

treatment 명 치료, 처치; 대우

636 condition
[kəndíʃən]

- 명 1 상태 ⊕ state
- 2 (몸의 상태) (몸의) 이상, 질환
- 3 (외부의 상태) (-s) 환경[상황] ⊕ situation

The car is old, but it is in good **condition**. 그 차는 오래되었지만, 상태는 좋다.
have a serious heart **condition** 심각한 심장 질환이 있다
Working **conditions** are bad in the factory. 그 공장에서는 노동 환경이 나쁘다.

DAILY TEST

정답 p.153

[01~07] 다음 문장을 읽고, 밑줄 친 부분의 뜻을 쓰세요.

01 The party chose a new leader. 뜻: _____
02 He treated us to lunch. 뜻: _____
03 They watched the President's address on TV. 뜻: _____
04 I like to observe the stars at night. 뜻: _____
05 I spotted my mother in the crowd. 뜻: _____
06 I tripped and fell. 뜻: _____
07 The press reported the accident. 뜻: _____

[08~10] 다음 밑줄 친 부분의 유의어를 고르세요.

08 She wore a plain white dress. [유의어] ⓐ simple ⓑ pretty
09 This movie is not fit for children. [유의어] ⓐ interesting ⓑ proper
10 People cast their coins into the fountain. [유의어] ⓐ found ⓑ threw

DAY 28

합성어 >> 두 개 이상의 단어가 결합된 어휘

637 cardboard
[ká:rdbɔ̀:rd]

card(두꺼운 종이) + board(판자) → 두꺼운 종이 판자 → 판지

명 판지

The books arrived in a **cardboard** box.
그 책들은 판지로 만든 종이 상자 안에 담겨 도착했다.

638 anywhere
[éniwɛər]

any(어느, 어떤) + where(장소) → 어느[어떤] 장소이든 → 어디든

부 1 어디든, 아무데나 2 | 부정문·의문문 | 어디에(서)(도)

You can buy these pants **anywhere**, and they are cheap.
너는 어디에서든 이 바지를 살 수 있고, 그것은 값이 싸다.

I can't find my car key **anywhere**.
나는 어디에서도 내 자동차 열쇠를 찾을 수가 없다.

639 cupboard
[kʌ́bərd]

cup(컵) + board(판자) → 컵 등을 넣어두는 판자 → 찬장

명 찬장, 벽장

His kitchen **cupboards** were empty. 그의 부엌 찬장들은 텅 비어 있었다.

640 drugstore
[drʌ́gstɔ̀:r]

drug(의약품, 약) + store(상점, 가게) → 의약품을 파는 가게 → 약국

명 약국(약, 화장품, 잡화, 간단한 음식도 판매)

I bought some aspirin from the **drugstore**.
나는 그 약국으로부터 약간의 아스피린을 샀다.

641 earthquake
[ə́:rθkwèik]

earth(땅) + quake(진동하다) → 땅이 진동하는 것 → 지진

명 지진 동 quake

A strong **earthquake** can destroy buildings.
강력한 지진은 건물들을 파괴할 수 있다.

642 passport
[pǽspɔ̀:rt]

pass(통과하다) + port(항구) → 항구를 통과할 수 있게 해주는 증명서 → 여권

명 여권

She has a Canadian **passport**. 그녀는 캐나다 여권을 갖고 있다.

참고 과거 유럽에서 국경을 이동할 때는 주로 항구를 통해서 이동하였기 때문에, 항구를 통과한다는 것은 곧 다른 국가로의 이동을 의미함

643 **good-looking** [gúdlúkiŋ]

good(좋은, 괜찮은) + looking(보이는) → 괜찮아 보이는 → 잘생긴, 예쁜

형 잘생긴, 예쁜 ㉤ beautiful, handsome

Her boyfriend is tall and **good-looking**.
그녀의 남자친구는 키가 크고 잘생겼다.

644 **well-known** [wélnóun]

well(잘) + known(알려진) → 잘 알려진 → 유명한

형 유명한, 잘 알려진 ㉤ famous

The novel was written by a **well-known** writer.
그 소설은 잘 알려진 작가에 의해 쓰였다.

645 **highlight** [háilàit]

high(높은) + light(빛) → 높은 곳에서 빛을 비춰 잘 보이게 하다 → 강조하다

동 강조하다; 강조 표시하다　명 하이라이트, 가장 중요한 부분

He **highlights** the need for education.　그는 교육의 필요성을 강조한다.
highlight important words in red　중요한 단어들을 빨간색으로 강조하다
the **highlight** of the movie　그 영화의 하이라이트

646 **homemade** [hóumméid]

home(집, 가정) + made(만들어진) → 집에서 만들어진

형 집에서 만든

I prefer **homemade** food to restaurant food.
나는 식당 음식보다 집에서 만든 음식을 선호한다.

647 **household** [háushòuld]

house(집) + hold(수용하다, 담다) → 한 집에 수용되어 있는 사람들 → 가정

명 가정, 가구　형 가정의; 가사의

Many **households** have pets.　많은 가정들이 애완동물들을 키운다.
household products　가정 용품들

648 **landmark** [lǽndmà:rk]

land(땅) + mark(표시) → 먼 곳에서도 잘 보이는 땅에 세워진 표시

명 랜드마크, 주요 지형지물

The Eiffel Tower is the most famous **landmark** in Paris.
에펠탑은 프랑스에서 가장 유명한 랜드마크이다.

649 **lifelong** [láiflɔ̀(:)ŋ]

life(삶, 인생) + long(〈시간이〉 긴) → 긴 인생의 → 일생의

형 평생 동안의, 일생의

She is my **lifelong** friend.　그녀는 나의 평생 친구이다.

650 nearby
[nìərbái]

near(가까운) + by(~옆에) → 옆의 가까운 곳에 있는 → 인근의

형 인근[가까운 곳]의 부 인근[가까운 곳]에

The man works at a **nearby** supermarket.
그 남자는 인근의 슈퍼마켓에서 일한다.
They live **nearby**. 그들은 가까운 곳에 산다.

651 newborn
[njú:bɔ̀:rn]

new(새로운) + born(태어난) → 새로 태어난 → 갓 태어난

형 갓 태어난

The average weight of a **newborn** baby is 3.3 kilograms.
갓 태어난 아기[신생아]의 평균 몸무게는 3.3킬로그램이다.

652 railroad
[réilròud]

rail(기차, 철도) + road(길) → 기차가 다니는 길 → 철로

명 철도 선로, 철도 ⊕ railway

The **railroad** passes through the center of the town.
그 철도 선로는 그 마을의 중심을 통과한다.

653 sightseeing
[sáitsì:iŋ]

sight(시야) + seeing(보는 것) → 시야에 들어온 모습을 보는 것 → 구경

명 관광, 구경

She did a lot of **sightseeing** on her vacation.
그녀는 휴가 때 많은 관광을 했다.

654 whenever
[wenévər]

when(때) + ever(항상, 언제나) → ~할 때는 언제나 → ~할 때마다

접 1 ~할 때마다 2 ~할 때는 언제든지

Whenever the dog barks, the baby cries.
그 개가 짖을 때마다, 그 아기는 운다.
Visit me **whenever** you want. 네가 원할 때 언제든지 나를 찾아와.

655 greenhouse
[grí:nhàus]

green(녹색의) + house(집) → 녹색으로 된 집 → 식물을 기르는 곳

명 온실

He grows tomatoes in a **greenhouse**.
그는 온실에서 토마토를 키운다.

656 swimsuit
[swímsù:t]

swim(수영하다) + suit(의복, ~복) → 수영할 때 입는 의복 → 수영복

명 수영복

The girl's **swimsuit** is full of sand. 그 소녀의 수영복은 모래로 가득하다.

657 **underwater**
[ʌ́ndərwɔ̀tər]

under(~밑에) + water(물) → 물 밑에 → 물속의

형 물속의, 수중(용)의   부 물속에(서)

I used an **underwater** camera to take pictures of the fish.
나는 그 물고기 사진들을 찍기 위해 수중 카메라를 이용했다.

658 **firewood**
[fáiərwud]

fire(불) + wood(나무, 목재) → 불을 때는 데 사용하는 나무 → 장작

명 땔나무, 장작

He gathered **firewood** to make a fire.   그는 불을 지피기 위해 장작을 모았다.

659 **widespread**
[wáidspréd]

wide(넓은) + spread(펼쳐진) → 넓게 펼쳐진 → 널리 퍼진

형 광범위한, 널리 퍼진

The hurricane caused **widespread** damage.
그 허리케인은 광범위한 피해를 야기했다.

660 **somewhere**
[sʌ́mwɛər]

some(어느) + where(곳[장소]에서) → 어느 곳에서 → 어딘가에

부 어딘가에[에서/로]

I hid the gift **somewhere** in his house.
나는 그의 집 어딘가에 그 선물을 숨겼다.

DAILY TEST

정답 p.153

[01~12] 영어는 우리말로, 우리말은 영어로 쓰세요.

01 railroad _____
02 greenhouse _____
03 nearby _____
04 highlight _____
05 passport _____
06 widespread _____

07 관광, 구경 _____
08 찬장, 벽장 _____
09 평생 동안의, 일생의 _____
10 땔나무, 장작 _____
11 지진 _____
12 갓 태어난 _____

[13~14] **Guess!** 다음 밑줄 친 합성어의 뜻을 유추해보세요.

13 A <u>lighthouse</u> guides ships to a harbor.   _____는 배들을 항구로 인도한다.

14 I put a <u>bookmark</u> between the pages.   나는 페이지 사이에 _____를 끼웠다.

DAY 29

관용표현 >> 습관처럼 써서 굳어진 표현들

661	**traffic** [trǽfik]	명 교통(량)
662	**patience** [péiʃəns]	명 참을성, 인내력
663	**pedal** [pédl]	명 (자전거·자동차의) 페달
664	**metal** [métl]	명 금속
665	**bet** [bet]	동 (bet-bet) 돈을 걸다 명 내기
666	**shot** [ʃɑːt]	명 1 (총기의) 발사 2 숏
667	**regret** [rigrét]	동 후회하다 명 후회
668	**sneeze** [sniːz]	동 재채기하다
669	**bless** [bles]	동 축복을 빌다
670	**ancient** [éinʃənt]	형 고대의, 아주 오래된 반 modern
671	**blink** [bliŋk]	동 눈을 깜박이다 명 눈을 깜박거림
672	**cash** [kæʃ]	명 현금, 현찰
673	**entire** [intáiər]	형 전체의 유 whole
674	**messy** [mési]	형 지저분한
675	**complain** [kəmpléin]	동 불평하다, 항의하다
676	**bullet** [búlit]	명 총알
677	**ban** [bæn]	동 금지하다
678	**differ** [dífər]	동 다르다
679	**discussion** [diskʌ́ʃən]	명 논의, 상의
680	**cliff** [klif]	명 절벽
681	**warn** [wɔːrn]	동 경고하다
682	**distance** [dístəns]	명 거리
683	**within** [wiðín]	전 ~이내에; ~의 범위 내에
684	**advertise** [ǽdvərtàiz]	동 광고하다

put the pedal to the metal 차를 전속력으로 몰다

직역하면 '자동차의 페달(pedal)을 자동차의 금속(metal) 바닥까지 밟는다'라는 말이다. 자동차의 가속 페달을 바닥에 닿을 때까지 밟는다는 것은 곧, '차를 전속력으로 몬다'라는 뜻이 되는 것이다.

A Ugh, the **traffic** is terrible today.
B Yeah, it's testing my **patience**. Maybe we should put the **pedal** to the **metal** to get to the party faster.

A 으, 오늘 교통체증이 심해.
B 맞아, 내 인내심을 시험하고 있어. 그 파티에 더 빨리 가려면 우리는 차를 전속력으로 몰아야 할 것 같아.

a long shot 성공할 가능성이 낮은 것, 승산 없는 일

말 그대로 '원거리(long)'에서 '발사, 슛(shot)'을 한다는 말이다. 먼 거리에서 쏘면 명중할 수 있는 확률이 낮다는 뜻으로, 가능성이 희박할 일이나 승산 없는 시도 등을 의미하는 표현이다.

A I decided to **bet** on the weaker team.
B That's a real long **shot**. Are you sure you won't **regret** it?

A 난 더 약한 팀에 걸어 보기로 결심했어.
B 진짜 승산 없는 일이야. 후회 안 할 거라고 확신해?

bless you 그대에게 행운이 깃들길

과거 유럽에 흑사병이 만연했을 때, 신의 가호를 빌어준 데서 유래한 표현이다. '재채기(sneeze)'는 곧 큰 질병에 걸릴 조짐이거나 영혼이 빠져나가는 신호라고 여겨, 신의 즉각적인 도움이 필요한 것으로 간주되었다. 그래서 주변 사람들이 재채기를 하면 신의 '축복을 비는(bless)' 말을 해주던 관습이 굳어져 지금에 이르렀다.

When she **sneezed**, he kindly said, "**Bless** you." The custom came from a fear of illness that humans have had since **ancient** times.

그녀가 재채기를 했을 때, 그는 친절하게 "그대에게 행운이 깃들길." 하고 말했다. 그 관습은 고대부터 인간이 가지고 있던 병에 대한 두려움에서 비롯되었다.

in the blink of an eye 눈 깜박할 새에, 순식간에

blink는 '눈을 깜박임'이라는 뜻으로, 눈을 잠깐 감았다가 뜰 정도로 빠른 시간이라는 의미이다. 어떤 일이 순식간에 벌어질 때 사용하는 표현이다.

- In the **blink** of an eye, the robber left the bank with a bag full of **cash**.
- In the blink of an eye, the **entire** cake disappeared from the kitchen table.

- 그 도둑은 현금이 가득 든 가방을 들고 눈 깜박할 새에 그 은행을 떠났다.
- 눈 깜박할 새에 주방 식탁에서 케이크가 통째로 사라졌다.

bite the bullet (하기는 싫지만 피할 수는 없는 일을) 이를 악물고 하다

남북전쟁 중 마취제가 없어 수술을 할 때 부상병에게 고통을 참으라고 '총알(bullet)'을 이로 물게 했다는 데서 유래한 표현이다. '하기 싫지만 꼭 해야 할 일이나 어려운 일을 이를 악물고 하다', '힘든 상황을 꾹 참고 견디다'라는 의미로 사용된다.

A This room is so **messy**; I can't stand it.
B Stop **complaining**. If you want it clean, you'll have to bite the **bullet** and start cleaning.

A 이 방은 정말 지저분해, 견딜 수가 없어.
B 불평 그만해. 깨끗하게 하고 싶으면 네가 이 악물고 청소하기 시작해야 해.

I beg to differ 제 생각은 다릅니다

beg는 '빌다, 간청[애원]하다'라는 뜻이고, differ는 '다르다'라는 뜻이다. 직역하면 '(생각이) 다름을 간청하다'라는 말로, 우리말로 자연스럽게 표현하면 "제 생각은 다릅니다"라는 의미이다. 상대방의 말에 동의할 수 없다는 것을 정중히 말하고자 할 때 사용하며, "I don't agree."나 "I disagree."보다 훨씬 부드러운 표현이다.

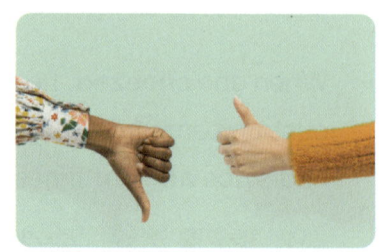

A I think we should **ban** plastic bags to protect the environment.
B Well, I beg to **differ**. We should have a **discussion** to find a better solution.

A 내 생각에 비닐봉지는 환경 보호를 위해 금지되어야 해.
B 글쎄, 내 생각은 달라. 우린 더 나은 해결책을 찾기 위해 논의를 해봐야 해.

keep one's distance 어느 정도 거리를 두다[너무 가까이하지 않다]

직역하면 '거리(distance)를 유지하다[지키다]'라는 말로, 가까이하지 않고 거리를 두는 것을 의미한다. 'stay far away(멀리 떨어져 있다)'와 유사한 표현이다.

A Hey, be careful near that **cliff**!
B Thank you for **warning** me. I'll keep my **distance**.

A 야, 그 절벽 근처에서는 조심해!
B 경고해 줘서 고마워. 너무 가까이는 가지 않을게.

within a stone's throw 엎어지면 코 닿을 거리에

'돌멩이를 던져 그 안에(within) 닿을 거리'라는 뜻으로, 물리적으로 '매우 가까운 거리'를 나타낼 때 사용한다.

A Look, there's a new restaurant **within** a stone's throw from our office.
B Great! They should **advertise** it more. I had no idea it was so close.

A 봐, 우리 사무실에서 엎어지면 코 닿을 거리에 새 식당이 생겼네.
B 좋다! 그들은 광고를 더 해야 해. 이렇게 가까운지 전혀 몰랐잖아.

DAILY TEST

정답 p.153

[01~10] 영어는 우리말로, 우리말은 영어로 쓰세요.

01 complain _____
02 regret _____
03 traffic _____
04 entire _____
05 ban _____
06 절벽 _____
07 고대의, 아주 오래된 _____
08 참을성, 인내력 _____
09 총알 _____
10 지저분한 _____

[11~12] 다음 문장을 읽고, 주어진 철자로 시작하는 알맞은 단어를 넣으세요.

11 When she s_____, he kindly said, "B_____ you."
    그녀가 재채기를 했을 때, 그는 친절하게 "그대에게 행운이 깃들길." 하고 말했다.

12 We should put the p_____ to the m_____ to get to the party faster.
    그 파티에 더 빨리 가려면 우리는 차를 전속력으로 몰아야 해.

DAY 30

관용표현 >> 습관처럼 써서 굳어진 표현들

685	**grammar** [grǽmər]	명 문법
686	**envy** [énvi]	동 부러워하다 / 명 부러움
687	**gorgeous** [gɔ́ːrdʒəs]	형 아주 멋진 [아름다운/좋은]
688	**proverb** [právəːrb]	명 속담, 격언
689	**hatch** [hætʃ]	동 부화하다
690	**optimist** [áptəmist]	명 낙관론자 / 반 pessimist
691	**expert** [ékspəːrt]	명 전문가
692	**strict** [strikt]	형 엄한, 엄격한
693	**harm** [haːrm]	동 해를 끼치다 / 명 해, 손해
694	**canal** [kənǽl]	명 운하, 수로
695	**law** [lɔː]	명 법, 법률
696	**jail** [dʒeil]	명 감옥
697	**crime** [kraim]	명 범죄
698	**document** [dákjumənt]	명 서류, 문서
699	**needle** [níːdl]	명 바늘
700	**evidence** [évədəns]	명 증거, 근거
701	**hire** [haiər]	동 고용하다
702	**fortunately** [fɔ́ːrtʃənətli]	부 운 좋게, 다행히 / 반 unfortunately
703	**string** [striŋ]	명 끈, 줄
704	**illegal** [ilíːgəl]	형 불법의, 불법적인 / 반 legal
705	**counter** [káuntər]	명 계산대; 판매대
706	**unbelievable** [ʌnbilíːvəbl]	형 믿을 수 없는, 믿기 어려운
707	**swallow** [swálou]	동 삼키다
708	**painful** [péinfəl]	형 아픈[고통스러운]

green with envy 몹시 샘을 내는

직역하면 '질투(envy)로 인해 (얼굴이) 녹색이 된다'라는 말로, 샘이 나고 질투가 나서 얼굴이 붉으락푸르락 변하는 상태를 형상화한 것이다.

- After Sarah got an A on the grammar test, her classmates were green with envy.
- As soon as Emily saw her friend's gorgeous dress, she was green with envy.

- 그 문법 시험에서 사라가 A를 받자 그녀의 반 친구들은 몹시 샘을 냈다.
- 에밀리는 친구의 멋진 드레스를 보자마자 몹시 샘을 냈다.

count your eggs before they hatch 김칫국부터 마시다

직역하면 '닭이 알을 부화하기(hatch) 전에 병아리의 수를 세다'라는 뜻으로, 어떤 일이 일어나기 전에 미리 기대하여 설레발친다는 의미이다. "떡 줄 사람은 생각도 않는데 김칫국부터 마신다"라는 속담과 같은 표현이다.

A I'm feeling lucky, so I've already made plans for my lottery winnings.
B Remember the proverb, "Don't count your eggs before they hatch." You're quite the optimist, my friend!

A 나 운이 좋을 것 같아서, 벌써 복권 당첨금을 위한 계획을 세웠어.
B "김칫국부터 마시지 말라"는 속담을 기억해. 넌 참 낙관적이다, 친구야.

more harm than good 백해무익하다, 득보다 실이 많다

'좋은 것보다 해(harm)가 더 많다'라는 뜻으로, 도움이 되지 않고 오히려 해만 끼친다는 의미이다.

- The expert's strict diet plan did more harm than good to my health.
- The canal construction caused more harm than good to the environment.

- 그 전문가의 엄격한 식단은 나의 건강에 백해무익했다.
- 그 운하 건설은 환경에 백해무익했다.

above the law 법 위에 있는, 법을 초월한

문자 그대로 '법(law) 위에(above) 있다'라는 뜻이다. 민주주의 사회에서 모든 사람들은 동등하게 법의 적용을 받으므로, 어느 누구도 법의 적용을 받지 않고 법 위에 존재할 수 없다.

A Did you hear about the CEO's scandal?
B Yeah. It's shocking how he thought he was above the **law**. But now, he's facing **jail** time for his **crimes**.

A 그 CEO의 스캔들에 대해 들었어?
B 그래, 그가 자기가 법 위에 있다고 생각했던 게 충격적이야. 하지만 이제 그는 자신의 범죄에 대한 징역형을 앞두고 있지.

a needle in a haystack 건초 더미에서 바늘 찾기[서울에서 김 서방 찾기]

너무도 비슷한 것이 많은 곳에서 그 물건을 찾는 것이 얼마나 불가능한 일인지를 '커다란 건초 더미(haystack) 속에서 조그만 바늘(needle)'을 찾는 것에 빗대어 표현한 것으로, 무언가를 절대 찾을 수 없다는 의미로 사용된다.

A I can't believe we have to find that old **document** in this mess of files.
B I know. It's like looking for a **needle** in a haystack, but it's important **evidence** for the case.

A 우리가 이 엉망진창인 파일들 사이에서 그 오래된 문서를 찾아내야 한다니 믿기지 않아.
B 맞아. 그것은 건초 더미에서 바늘 찾기 같지만 사건의 중요한 증거야.

pull some strings 인맥을 동원하다

직역하면 '줄(string)을 잡아당기다'라는 말로, 인형에 줄을 달아 움직이게 하는 꼭두각시 인형극에서 나온 표현이다. 여기서 '줄'은 연줄, 인맥을 의미한다. 줄을 당겨 인형을 조종하듯, 내가 줄을 당기는 대로 원하는 결과를 얻기 때문에, 인맥을 이용한다고 할 때 이 표현을 쓴다.

A How did you manage to get **hired** at that great company so quickly?
B **Fortunately**, I knew someone who pulled some **strings** to help me get in.

A 어떻게 그렇게 좋은 회사에 그렇게 빨리 입사할 수 있었어?
B 운 좋게도 인맥을 이용해 내가 들어가게 도와줄 사람을 알고 있었지.

under the counter 불법적으로[비밀리에] (거래되는)

직역하면 '계산대 밑으로'라는 말로, 다른 사람들의 눈에 띄지 않게 계산대 밑으로 거래한다는 의미에서 '불법적으로' 혹은 '비밀리에'라는 뜻을 가진다.

A You know what? The new shop is selling **illegal** fireworks under the **counter**.
B **Unbelievable**! That's so dangerous.

A 너 그거 알아? 그 새로 생긴 가게가 불법 폭죽을 비밀리에 판매하고 있어.
B 믿기지 않아! 그건 정말 위험하잖아.

a bitter pill to swallow 어쩔 수 없이 해야 하는 (싫은) 일

직역하면 '삼키기에(swallow) 쓴(bitter) 약(pill)'이라는 뜻으로, 받아들이기 어려운 고통스러운 일[현실]이나 달갑지 않은 일을 가리키는 표현이다.

A Losing that game was a bitter pill to **swallow**.
B I know. It was **painful**, but we'll do better next time.

A 그 경기에서 진 것은 받아들이기 힘든 일이었어.
B 그러게 말이야. 그것은 고통스러웠지. 하지만 우린 다음번에 더 잘할 거야.

DAILY TEST

정답 p.153

[01~10] 영어는 우리말로, 우리말은 영어로 쓰세요.

01 envy _____
02 gorgeous _____
03 unbelievable _____
04 strict _____
05 optimist _____
06 운 좋게, 다행히 _____
07 운하, 수로 _____
08 아픈[고통스러운] _____
09 증거, 근거 _____
10 서류, 문서 _____

[11~12] 다음 문장을 읽고, 주어진 철자로 시작하는 알맞은 단어를 넣으세요.

11 Remember the p_____, "Don't count your eggs before they h_____."
"김칫국부터 마시지 말라"는 속담을 기억해.

12 The new shop is selling i_____ fireworks under the c_____.
그 새로 생긴 가게가 불법 폭죽을 비밀리에 판매하고 있어.

REVIEW TEST   DAY 26~30

A 다의어
밑줄 친 단어의 뜻과 가장 가까운 것을 고르세요.

01 The company makes computer parts.
a. friend   b. firm   c. guest   d. team

02 The mean girl likes to make fun of others.
a. pretty   b. smart   c. unkind   d. good

03 She beat me at badminton.
a. punched   b. defeated   c. attacked   d. hit

04 The electricity rate is high in this country.
a. speed   b. cost   c. spot   d. tap

05 He raised his head and looked at me.
a. developed   b. lifted   c. added   d. increased

06 I like to observe the stars at night.
a. obey   b. watch   c. follow   d. consider

07 He jogs every day to keep fit.
a. healthy   b. proper   c. right   d. correct

08 She wore a plain white dress.
a. pretty   b. clear   c. obvious   d. simple

B 합성어 주어진 두 단어를 알맞게 조합하여 합성어를 만드세요.

단어 #1	단어 #2	합성어	뜻
1. store	drug	=	→
2. port	pass	=	→
3. high	light	=	→
4. mark	land	=	→
5. new	born	=	→
6. seeing	sight	=	→
7. spread	wide	=	→

C 관용표현 다음 빈칸에 알맞은 관용표현을 골라 쓰세요.

> keep my distance   within a stone's throw   bite the bullet
> put the pedal to the metal   I beg to differ

01 **A** Ugh, the traffic is terrible today.
    B Yeah, it's testing my patience. Maybe we should _____ to get to the party faster.

02 **A** This room is so messy; I can't stand it.
    B Stop complaining. If you want it clean, you'll have to _____ and start cleaning.

03 **A** I think we should ban plastic bags to protect the environment.
    B Well, _____. We should have a discussion to find a better solution.

04 **A** Hey, be careful near that cliff!
    B Thank you for warning me. I'll _____.

05 **A** Look, there's a new restaurant _____ from our office.
    B Great! They should advertise it more. I had no idea it was so close.

DAY 21~30 CUMULATIVE TEST

[01~30] 다음 단어의 뜻을 쓰세요.

01 attend
02 vivid
03 deal
04 respect
05 loss
06 admire
07 remove
08 emergency
09 weapon
10 reduce
11 immediately
12 absence
13 refuse
14 method
15 effect
16 mean
17 beat
18 rough
19 lie
20 raise
21 treat
22 household
23 nearby
24 railroad
25 regret
26 entire
27 advertise
28 expert
29 strict
30 evidence

[31~40] 다음 뜻을 가진 단어를 쓰세요.

31 빨리, 급속히
32 방어, 수비
33 파괴하다; 망치다
34 실수, 오류
35 환불(금); 환불하다
36 참을성[인내심] 있는; 환자
37 주소; 연설
38 지진
39 불평하다, 항의하다
40 아픈[고통스러운]

[41~45] 다음 숙어의 뜻을 쓰세요.

41 go over
42 hang out
43 show off
44 point at
45 be familiar with

Know More

영어 이야기 3

상표 이야기

우리가 잘 알고 있는 상표들이 어떻게 그 이름을 갖게 되었는지 한번 알아볼까요?

Apple 애플

사과를 한 입 베어먹은 로고로 유명한 애플은 1976년에 설립된 미국의 다국적 기술 기업입니다. '애플'의 탄생 비화에 대한 몇 가지 설이 있지만 공동창립자 중 한명인 스티브 워즈니악에 따르면 잡스가 사과 과수원을 방문한 후 제안했다고 해요. 그리고 알파벳 순으로 이름을 나열하면 가장 먼저 나올 것이기 때문에 '애플'이라는 이름을 선택했다고 하니 굉장히 실용적이죠?

Gatorade 게토레이

게토레이는 1965년 미국 플로리다 대학교 약학과의 로버트 케이드 교수가 이끄는 연구진들이 만든 음료입니다. 플로리다 대학교 풋볼팀 '게이터스(Gators)'의 헤드코치가 경기 중 선수들의 빠른 수분 보충을 도울 수 있는 것을 만들어 달라고 요청했다고 해요. 플로리다 지역에 서식하는 악어(alligator)의 애칭인 gator에 음료를 의미하는 ade(에이드)를 붙여 Gatorade가 탄생하게 되었답니다.

Wikipedia 위키피디아

온라인 백과사전인 위키피디아는 '빠르게(quickly)'라는 뜻의 하와이어 wikiwiki에서 따온 wiki와 백과사전을 뜻하는 단어 encyclopedia의 pedia가 합쳐져 만들어졌어요. 궁금한 것이 있을 때 빠르게 검색할 수 있는 백과사전, 여러분도 자주 사용하고 있나요?

Answer Key

🟦 DAY 01

DAILY TEST	p. 11

01 aim 02 effort 03 dull 04 mayor 05 born 06 display 07 lecture 08 talent 09 repeatedly 10 artistic 11 ability 12 dynasty 13 dates, back 14 origins 15 tribe 16 broke, out 17 folks 18 tragedy

🟦 DAY 02

DAILY TEST	p. 15

01 괴롭히는 사람, 불량배; 괴롭히다[왕따시키다] 02 신청하다, 지원하다; 적용되다 03 또래, 동료 04 연속; 시리즈, 연속물 05 ~할 가치가 있는; (얼마)어치; 가치, 값어치 06 selfish 07 billion 08 counsel 09 probably 10 article 11 greedy 12 depressed 13 application 14 intend 15 impression 16 miserable 17 challenge 18 realized 19 staying, up 20 To, make, matters, worse 21 teased 22 sighed 23 depressed

🟦 DAY 03

DAILY TEST	p. 19

01 chemical 02 symbol 03 wire 04 iron 05 frame 06 pimple 07 shelter 08 ⓓ 09 ⓐ 10 ⓑ 11 ⓒ 12 turned, into 13 peeling 14 frames 15 aisle 16 grand 17 lighting 18 addition 19 On, average

🟦 DAY 04

DAILY TEST	p. 23

01 relate 02 transfer 03 challenging 04 nor 05 perform 06 rails 07 rent 08 ⓒ 09 ⓓ 10 looking, forward, to 11 rented 12 attractions 13 check, out 14 departs 15 carnival 16 route 17 pleasure

🟦 DAY 05

DAILY TEST	p. 27

01 금이 가다; 금이 가게 하다; (갈라진) 금 02 극복하다, 이겨내다 03 불리한 점, 약점 04 대걸레로 닦다; 대걸레 05 진공; 진공청소기로 청소하다 06 pipe 07 wipe 08 celebrity 09 liquid 10 damp 11 weekly 12 announce 13 marriage 14 ignore 15 locate 16 ignore 17 litter 18 look, into 19 According, to 20 clues 21 deny 22 signal

REVIEW TEST DAY 01~05	pp. 28~29

A 01 effort, aim 02 repeatedly, dull 03 mayor, whole 04 artistic, talent 05 impression, selfish 06 apply, navy 07 probably, billion 08 articles, peers 09 handle, bare 10 chemical, symbol 11 completely, erase 12 encourage, participate 13 nor, diligent 14 transport, rail 15 distant, abroad 16 challenging, task 17 overcome, disadvantage 18 wipe, mop 19 locate, crack 20 announce, celebrity

B 01 dynasty 02 dates, back 03 tragedy 04 miserable 05 teased, sighed 06 depressed 07 turned, into 08 peeling, frames 09 addition 10 rented 11 attractions 12 route 13 ignore, litter 14 clues 15 deny

🟦 DAY 06

DAILY TEST	p. 33

01 satisfy 02 fee 03 pleasant 04 conversation 05 uncomfortable 06 audience 07 manners 08 behave 09 include 10 confident 11 pollute 12 thunder 13 flashes 14 results, in 15 harvests 16 layers 17 feeding, on

DAY 07

DAILY TEST   p. 37

01 silent 02 educational 03 infection 04 universal
05 duty 06 purposes 07 silence 08 ⓑ 09 ⓐ 10 ⓓ
11 ⓒ 12 besides 13 interpret 14 stands, for 15 elementary 16 Therefore 17 suggest 18 except

DAY 08

DAILY TEST   p. 41

01 끈적거리는, 달라붙는 02 건축(학); 건축 양식 03 ~것, 물건 04 손상, 피해; 손상을 주다, 피해를 입히다 05 밀랍, 왁스; 왁스로 광을 내다 06 passion 07 evil 08 enormous 09 symbolize 10 sort 11 fortune 12 industry 13 Construction 14 impressed 15 spirit 16 rushing 17 back, and, forth 18 lays 19 swing 20 movement 21 leap 22 buries

DAY 09

DAILY TEST   p. 45

01 단단한; 고체의; 고체 02 개선되다, 나아지다; 향상시키다 03 속임수; 장난; 속이다 04 학업의, 학교의; 학문의, 학문적인 05 즐겁게[재미있게] 하다 06 surround 07 gradually 08 performance 09 silly 10 compare 11 ⓑ 12 ⓓ 13 ⓒ 14 miracle 15 migrated 16 used, to 17 priest 18 organized 19 one, another 20 belong

DAY 10

DAILY TEST   p. 49

01 text 02 support 03 rapid 04 barriers 05 tidy 06 basement 07 population 08 communication 09 growth 10 delighted 11 fairly 12 cultural 13 annoys 14 delighted 15 excitement 16 frighten 17 looks, up, to 18 embarrassed 19 emotional 20 let, down

REVIEW TEST DAY 06~10   pp. 50~51

A 01 behave, confident 02 satisfy, audience
03 pleasant, conversation 04 include, per
05 aware, infection 06 citizens, duty
07 silent, emotion 08 mostly, educational
09 passion, architecture 10 symbolize, fortune
11 sticky, stuff 12 enormous, industry
13 compare, products 14 amuse, silly
15 concrete, surround 16 gradually, academic
17 continuous, support 18 remind, basement
19 cultural, barrier 20 population, growth

B 01 pollute 02 results, in, harvests
03 feeding, on 04 interpret
05 stands, for 06 suggest
07 rushing 08 swing
09 buries 10 miracle
11 migrated 12 priest, organized
13 annoys 14 excitement
15 looks, up, to

CUMULATIVE TEST DAY 01~10   p. 52

01 목적, 목표; 목표하다; 겨누다 02 하품하다; 하품 03 재주, (타고난) 재능 04 신청하다, 지원하다; 적용되다 05 괴롭히는 사람, 불량배; 괴롭히다[왕따시키다] 06 우울한, 의기소침한 07 벌거벗은, 맨- 08 추적하다, 찾아내다; 자취, 흔적 09 자발적인; 자원봉사로 하는 10 (타고난) 재능이 있는 11 이동하다; 환승하다; 이동; 환승 12 즐거움, 기쁨 13 극복하다, 이겨내다 14 액체; 액체의 15 발표하다, 알리다 16 군중, 무리 17 제외[배제]하다 18 층, 겹 19 의무; 직무, 임무 20 일반적인, 보편적인; 전 세계적인 21 고요, 정적; 침묵 22 종류, 부류 23 손상, 피해; 손상을 주다, 피해를 입히다 24 돌진하다, 급하게 가다 25 (둘을) 비교하다; 비유하다 26 즐겁게[재미있게] 하다 27 차츰, 서서히 28 지지[지원]하다; 후원[부양]하다; 지지, 지원 29 상기시키다, 생각나게 하다 30 성장; (크기·양 등의) 증가 31 achieve 32 greedy 33 participate 34 abroad 35 damp 36 curiosity 37 aisle 38 construction 39 gap 40 fairly 41 ~로 거슬러 올라가다 42 ~을 고대하다 43 ~을 나타내다 44 ~을 먹고 살다 45 실망시키다

DAY 11

DAILY TEST p. 57

01 예측, 예보; 예측[예보]하다 02 (밟아서 생긴) 길, 오솔길; 진로 03 간신히, 가까스로; 거의 ~않게 04 제도, 체제; 체계, 시스템 05 뒤쫓다, 추적하다; 추구하다, 추적[추격] 06 태양의; 태양에 의해 생기는 07 lawyer 08 mission 09 consult 10 universe 11 hurricane 12 attention 13 explored 14 narrator 15 attracts 16 legal 17 classical 18 exhibit 19 come, up, with 20 based, on 21 imaginations 22 narrator 23 script 24 rhythm

DAY 12

DAILY TEST p. 61

01 tag 02 yell 03 virtual 04 awake 05 sight 06 force 07 whisper 08 baggage 09 reality 10 horror 11 quit 12 guard 13 paying, off 14 build, up 15 crew 16 experienced

DAY 13

DAILY TEST p. 65

01 (기계적) 장치[기구] 02 판단하다; 재판관, 판사 03 불행하게도, 유감스럽게도 04 좌우명, 모토 05 차량, 탈것 06 꾸러미, 소포 07 slip 08 independence 09 liberty 10 historical 11 injure 12 statue 13 ⓓ 14 ⓑ 15 make, room 16 appointment 17 ran, out, of 18 strip 19 package 20 stripe 21 switch

DAY 14

DAILY TEST p. 69

01 건너편[맞은편]에; 건너편[맞은편]의; (정)반대의 02 평균의; 보통의; 평균; 보통 (수준) 03 정신의, 정신적인 04 필요로 하다; (법·규칙 등이) 요구하다 05 막대기, 기둥; (지구의) 극 06 direction 07 temperature 08 polar 09 sail 10 available 11 exactly 12 strength 13 considering 14 option 15 physical 16 found 17 keep, on 18 predicted 19 discount 20 supplied 21 bunch 22 fell, short, of 23 function

DAY 15

DAILY TEST p. 73

01 oxygen 02 conduct 03 survival 04 comfort 05 brief 06 sculptures 07 modern 08 maximum 09 ⓒ 10 ⓑ 11 ⓐ 12 uneasy 13 quaked 14 faint 15 unusual 16 side, by, side 17 similar 18 sick, of 19 disgusting

REVIEW TEST DAY 11~15 pp. 74~75

A 01 consult, legal 02 forecast, path
03 attract, attention 04 mission, solar
05 force, awake 06 yell, horror
07 normally, baggage 08 advantages, technology
09 unfortunately, injure 10 produce, electric
11 motto, appearances 12 historical, value
13 consider, available 14 temperature, Pole
15 sail, exactly 16 require, mental
17 provide, comfort 18 oxygen, survival
19 exhibition, sculpture 20 survey, saving

B 01 classical 02 imaginations
03 narrator 04 quit
05 guard 06 paying, off
07 make, room 08 appointment
09 stripes 10 found
11 supplied 12 fell, short, of
13 uneasy 14 faint
15 sick, of

DAY 16

DAILY TEST p. 79

01 바이러스; 바이러스성 질환; (컴퓨터) 바이러스 02 책임이 있는; 책임지고 있는 03 쓸다, 청소하다; (장소를) 휩쓸다 04 환경의, 환경과 관련된 05 망치다; 버릇없게 키우

다 06 behavior 07 prevent 08 state 09 educate
10 community 11 ⓓ 12 ⓑ 13 ⓐ 14 As, soon, as
15 got, to 16 port 17 studio 18 decorated 19
fountain 20 deserted 21 laundry

DAY 17

DAILY TEST p. 83

01 raw 02 bandage 03 trade 04 pressure 05 seek
06 pure 07 suffer 08 ⓒ 09 ⓐ 10 thirst 11 itchy 12
vision 13 passed, out 14 paralyzed 15 surgery 16
muscles 17 look, after

DAY 18

DAILY TEST p. 87

01 반응[대응]하다; 대답[응답]하다 02 (요리 등의) 재료[성분]; 구성 요소 03 소비[소모]하다 04 (~이) 들어 있다, 포함하다; 함유하다 05 지연, 지체; 지연[지체]시키다 06 분리된; 별개의; 분리되다[하다] 07 university 08 instead
09 apologize 10 graduate 11 recycle 12 truly 13
ⓓ 14 ⓒ 15 ⓐ 16 ⓑ 17 minimum 18 insert 19
chart 20 a, number, of 21 scale 22 volume 23
graphic 24 majority

DAY 19

DAILY TEST p. 91

01 (표면이) 매끄러운; 순조로운 02 의심; 의심하다 03
실; 실을 꿰다 04 고르다, 선택[선발]하다 05 표면; 겉,
외면 06 ~인지 (아닌지); ~이든 (아니든) 07 portrait
08 disappoint 09 cell 10 rub 11 research 12
original 13 Frankly 14 scientific 15 slippery 16
disappointed 17 signed, up, for 18 fond, of
19 sketching 20 thread 21 knit 22 skillful 23
amusement

DAY 20

DAILY TEST p. 95

01 novel 02 sound 03 tune 04 highly 05 romantic
06 likely 07 continent 08 poverty 09 journey 10
thought 11 persuade 12 suggestion 13 paused
14 mention 15 misunderstand 16 argument 17
make, sure 18 get, it

REVIEW TEST DAY 16~20 pp. 96~97

A 01 typhoon, state   02 prevent, pollution
   03 responsible, behavior 04 community, concern
   05 bandage, wound   06 slight, injury
   07 successfully, ideal 08 international, raw
   09 graduate, private   10 contain, unhealthy
   11 apologize, delay   12 recycle, instead
   13 scientific, research 14 surface, smooth
   15 disappointed, selected 16 frankly, portrait
   17 tune, familiar   18 extreme, poverty
   19 adventurous, continent 20 confuse, romantic

B 01 studio, decorated   02 fountain
   03 deserted   04 thirst
   05 passed, out   06 paralyzed
   07 minimum   08 insert, chart
   09 majority   10 signed, up, for
   11 thread   12 knit
   13 suggestion   14 mention
   15 argument

CUMULATIVE TEST DAY 11~20 p. 98

01 뒤쫓다, 추적하다; 추구하다; 추적[추격] 02 끌어들이다; (주의·흥미를) 끌다 03 우주 04 힘; 무력; 강요하다, 억지로 ~을 시키다 05 속삭이다; 속삭임 06 출판[발행]하다 07 미끄러지다 08 판단하다; 재판관, 판사 09 (만날) 약속, 예약 10 온도, 기온 11 건너편[맞은편]에; 건너편[맞은편]의; (정)반대의 12 예측[예견]하다 13 불필요한 14 생존 15 불안한; 어수선한, 불편한 16 오염, 공해 17 행동; 품행 18 우려, 걱정; 관심사 19 (병 등에) 고통받다; (불쾌한 일을) 겪다[당하다] 20 이상적인, 완벽한; 이상 21 익히

지 않은, 날것의; 가공하지 않은 22 졸업생; 졸업하다 23 (~이) 들어 있다, 포함하다; 함유하다 24 재활용하다 25 미끄러운 26 표면; 겉, 외면 27 즐거운, 명랑한 28 원조, 지원; 도움 29 혼란을 주다; 혼동하다 30 설득하다 31 legal 32 intelligence 33 independence 34 polar 35 lately 36 prevent 37 solution 38 apologize 39 disappointed 40 poverty 41 ~이 다 떨어지다, ~을 다 쓰다 42 ~에 싫증이 나다 43 기절하다, 의식을 잃다; 나눠 주다 44 ~을 신청하다 45 확실히 하다

DAY 21

DAILY TEST p. 103

01 mount 02 ceremony 03 debt 04 Revolution 05 vivid 06 deal 07 comment 08 sum 09 description 10 official 11 rapidly 12 graduation 13 Journal 14 theme 15 process 16 memorizing 17 motivates 18 go, over 19 collaborate 20 examining 21 take, notes

DAY 22

DAILY TEST p. 107

01 연결하다; 관련시키다; 관련(성) 02 신뢰; 신뢰하다; (옳음을) 믿다 03 (조직·기구의) 부서[부처/학과] 04 결핍, 부족; ~이 없다, 부족하다 05 중심부, 핵심; 핵심적인 06 justice 07 cancer 08 defense 09 disease 10 typical 11 loss 12 individual 13 prove 14 respect 15 typical 16 bowing 17 elder 18 admire 19 Honor 20 loyal 21 keep, in, touch 22 hang, out 23 relationship

DAY 23

DAILY TEST p. 111

01 wavy 02 detail 03 scratch 04 ruin 05 emergencies 06 remove 07 contact 08 twisted 09 horrible 10 wealthy 11 responsibility 12 wealthy 13 took, after 14 curled 15 showed, off 16 genius 17 jealous 18 pride

DAY 24

DAILY TEST p. 115

01 대중의; 공공의; 대중 02 시작[개시]하다; (상품을) 출시하다 03 줄이다[축소하다]; 낮추다 04 (사회적·정치적) 운동, 캠페인 05 장비, 용품 06 주목[신경을 씀]; 통지, 예고; 알아차리다 07 apology 08 absence 09 sincere 10 error 11 credit 12 immediately 13 ⓓ 14 ⓒ 15 ⓐ 16 ⓑ 17 recent 18 period 19 Afterward 20 following 21 directly 22 at, the, same, time 23 instant

DAY 25

DAILY TEST p. 119

01 (~보다) ~을 더 좋아하다[선호하다] 02 거절[거부]하다 03 부정적인, 나쁜 04 재료, 원료; 자료 05 늘어나다; (잡아당겨) 늘이다; (팔·다리를) 뻗다 06 positive 07 payment 08 rubber 09 nowadays 10 receipt 11 ⓒ 12 ⓑ 13 ⓓ 14 chain 15 pump 16 filter 17 cut, off 18 familiar, with 19 satellite 20 edge 21 cable

REVIEW TEST DAY 21~25 pp. 120~121

A 01 official, strike 02 attend, graduation
03 vivid, Revolution 04 deal, rapidly
05 respect, individual 06 trust, justice
07 prove, cancer 08 typical, disease
09 remove, screen 10 twisted, steel
11 emergency, contact 12 war, totally
13 valuable, credit 14 public, reduce
15 immediately, absence 16 formal, apology
17 refuse, refund 18 prefer, nowadays
19 rubber, stretches 20 limit, negative

B 01 Journal 02 process, memorizing
03 collaborate, examining 04 bowing
05 loyal 06 keep, in, touch
07 wealthy 08 showed, off
09 pride 10 recent
11 following, directly 12 instant

13 cut, off 14 familiar, with, satellite
15 edge

DAY 26
DAILY TEST p. 127
01 학위 02 손님 03 어리둥절하게 했다 04 고지서들, 청구서들 05 뇌졸중 06 못된, 심술궂은 07 맞다, 적합하다 08 ⓐ 09 ⓑ 10 ⓐ

DAY 27
DAILY TEST p. 131
01 정당 02 대접했다, 한턱냈다 03 연설 04 관찰[관측]하다, 지켜보다 05 발견했다, 알아챘다 06 발을 헛디뎠다 07 신문, 언론 08 ⓐ 09 ⓑ 10 ⓑ

DAY 28
DAILY TEST p. 135
01 철도 선로, 철도 02 온실 03 인근[가까운 곳]의; 인근[가까운 곳]에 04 강조하다; 강조 표시하다; 하이라이트, 가장 중요한 부분 05 여권 06 광범위한, 널리 퍼진 07 sightseeing 08 cupboard 09 lifelong 10 firewood 11 earthquake 12 newborn 13 등대 14 서표[책갈피]

DAY 29
DAILY TEST p. 139
01 불평하다, 항의하다 02 후회하다; 후회 03 교통(량) 04 전체의 05 금지하다 06 cliff 07 ancient 08 patience 09 bullet 10 messy 11 sneezed, Bless 12 pedal, metal

DAY 30
DAILY TEST p. 143
01 부러워하다; 부러움 02 아주 멋진[아름다운/좋은] 03 믿을 수 없는, 믿기 어려운 04 엄한, 엄격한 05 낙관론자 06 fortunately 07 canal 08 painful 09 evidence 10 document 11 proverb, hatch 12 illegal, counter

REVIEW TEST DAY 26~30 pp. 144~145
A 01 b 02 c 03 b 04 b 05 b 06 b 07 a 08 d

B 01 drugstore, 약국(약, 화장품, 잡화, 간단한 음식도 판매) 02 passport, 여권 03 highlight, 강조하다; 강조 표시하다; 하이라이트, 가장 중요한 부분 04 landmark, 랜드마크, 주요 지형지물 05 newborn, 갓 태어난 06 sightseeing, 관광, 구경 07 widespread, 광범위한, 널리 퍼진

C 01 put the pedal to the metal 02 bite the bullet 03 I beg to differ 04 keep my distance 05 within a stone's throw

CUMULATIVE TEST DAY 21~30 p. 146
01 출석[참석]하다; (학교 등에) 다니다 02 (기억·묘사 등이) 생생한; (색 등이) 선명한 03 다루다, 처리하다; 거래, 합의 04 존경[존중]하다; 존경, 존중 05 상실, 손실; (금전적인) 손해 06 존경하다 07 치우다; 없애다, 제거하다 08 비상(사태) 09 무기 10 줄이다[축소하다]; 낮추다 11 즉시, 즉각 12 결석, 결근; 없음 13 거절[거부]하다 14 방법, 방식 15 영향; 결과, 효과 16 의미하다, 뜻하다; 못된, 심술궂은 17 때리다[두드리다]; 이기다; (연달아) 때림; 맥박, 박자, 비트 18 (표면이) 거친, 고르지 않은; 대강의; 힘든 19 눕다; 놓여 있다; 거짓말하다; 거짓말 20 들어올리다; (수·양 등을) 올리다[높이다]; 키우다[기르다] 21 대하다[다루다]; 치료하다, 처치하다; 대접하다, 한턱내다 22 가정, 가구; 가정의; 가사의 23 인근[가까운 곳]의; 인근[가까운 곳]에 24 철도 선로, 철도 25 후회하다; 후회 26 전체의 27 광고하다 28 전문가 29 엄한, 엄격한 30 증거, 근거 31 rapidly 32 defense 33 ruin 34 error 35 refund 36 patient 37 address 38 earthquake 39 complain 40 painful 41 ~을 점검[검토]하다 42 시간을 보내다, 어울려 놀다 43 과시하다, 자랑하다 44 (손가락으로) ~을 가리키다 45 ~에 익숙하다[친숙하다]

Index

A

a number of	086
ability	009
above all	036
abroad	021
absence	113
academic	043
according to	026
account	124
achieve	008
add up to	086
addition	018
address	128
admire	106
advantage	059
adventurous	093
advertise	136
afterward	114
aid	092
aim	008
aisle	018
amaze	042
amuse	042
amusement	090
ancient	136
announce	025
announcer	060
annoy	048
anywhere	132
apologize	085
apology	113
appearance	063
application	012
apply	012
appointment	064
architecture	038
argument	094
article	013
artistic	009
as soon as	078
at the same time	114
attend	100
attention	055
attract	055
attraction	022
audience	030
available	066
average	066
awake	058
aware	034

B

back and forth	040
backward	114
baggage	059
ban	136
bandage	080
bar	108
bare	016
barely	055
barrier	047
base	018
based on	056
basement	046
be familiar with	118
be sick of	072
beat	126
behave	030
behavior	077
belong	044
besides	036
bet	136
bill	126
billion	013
bless	136
blink	136
bloom	032
booth	078
born	009
bow	106
break out	010
brief	071
build up	060
bullet	136
bully	013
bunch	068
bury	040

C

cable	118
campaign	112
canal	140
cancer	105
capable	021
cardboard	132
carnival	022
cash	136
cast	130
celebrity	025
cell	088
ceremony	100
chain	118
challenge	014
challenging	021
chart	086
chase	054
check out	022
chemical	016
chemistry	016
chief	129
citizen	034
classical	056
client	031
cliff	136
climate	117
clue	026
collaborate	102
collection	090
come up with	056
comfort	070
comment	100
commonly	035
communication	047
community	077
company	124
compare	042
complain	136
completely	017
concern	077
concrete	043
condition	131
conduct	071

confident	030	device	062	envy	140
confuse	093	differ	136	equally	026
consider	066	digest	082	equipment	112
construction	039	diligent	020	erase	017
consult	054	direction	067	error	113
consume	085	directly	114	evidence	140
contact	109	disadvantage	024	evil	038
contain	084	disappoint	089	exactly	067
continent	093	disappointed	089	examine	102
continuous	046	discount	068	except	036
conversation	031	discussion	136	excitement	048
core	105	disease	105	exclude	031
counsel	013	disgusting	072	exhibit	056
counter	140	display	009	exhibition	071
crack	025	distance	136	experienced	060
credit	112	distant	021	expert	140
crew	060	document	140	explore	055
crime	140	doubt	089	extreme	092
crowd	030	drugstore	132		
cultural	047	dull	008	**F**	
cupboard	132	dump	076	faint	072
curiosity	030	duty	034	fairly	047
curl	110	dynasty	010	fall short of	068
custom	129			familiar	092
cut off	118	**E**		faucet	118
		earthquake	132	favor	106
D		ease	080	feast	022
damage	039	edge	118	feature	105
damp	024	educate	077	fee	031
date back to	010	educational	035	feed on	032
deal	101	effect	117	filter	118
debt	101	effort	008	firewood	135
decorate	078	elder	106	fit	130
defense	104	electric	062	flash	032
degree	126	elementary	036	folk	010
delay	085	embarrass	048	following	114
delighted	048	emergency	109	fond of	090
deny	026	emotion	035	force	058
depart	022	emotional	048	forecast	054
department	104	empire	010	formal	113
depressed	014	encourage	017	fortunately	140
description	101	enormous	039	fortune	038
deserted	078	entire	136	found	068
detail	109	environmental	076	fountain	078

frame	018
frankly	089
frighten	048
function	068
funeral	100

G

gap	044
generally	020
genius	110
get it	094
get to	078
go over	102
good-looking	133
gorgeous	140
gradually	043
graduate	084
graduation	100
grammar	140
grand	018
graphic	086
greedy	012
greenhouse	134
growth	047
guard	060

H

handle	016
hang out (with)	106
harm	140
harvest	032
hatch	140
highlight	133
highly	093
hire	140
historical	063
homemade	133
honor	106
hopeless	092
horizon	032
horrible	109
horror	058
household	133
hurricane	054

I

ideal	081
ignore	026
illegal	140
imagination	056
immediately	113
impressed	038
impression	012
improve	043
include	031
independence	063
individual	104
industry	039
infection	034
informal	113
ingredient	084
injure	062
injury	080
insert	086
instant	114
instead	085
intelligence	059
intend	012
international	081
interpret	036
iron	016
itchy	082

J

jail	140
jealous	110
journal	102
journey	093
judge	063
junk	046
justice	104

K

keep in touch (with)	106
keep on v-ing	068
knit	090

L

lack	104
landmark	133
lately	071
laughter	110
launch	112
laundry	078
law	140
lawyer	054
lay	040
layer	032
leap	040
lecture	008
legal	054
let down	048
liberty	063
lie	128
lifelong	133
lighting	018
likely	093
limit	117
link	105
liquid	025
litter	026
locate	025
look after	082
look forward to	022
look into	026
look up to	048
loss	105
loyal	106

M

major	125
majority	086
make room	064
make sure	094
manage	024
manner	030
marriage	025
material	117
matter	125
maximum	070
mayor	009
mean	124
memorize	102

mental	067		opposite	067		pollute	032
mention	094		optimist	140		pollution	076
merry	090		option	066		population	047
messy	136		organize	044		port	078
metal	136		origin	010		portrait	089
method	116		original	089		positive	117
migrate	044		overcome	024		poverty	092
minimum	086		oxygen	070		predict	068
miracle	044					prefer	116
miserable	014		**P**			press	129
mission	055		package	064		pressure	080
misunderstand	094		painful	140		prevent	076
modern	071		paralyze	082		pride	110
mop	024		pardon	026		priest	044
mostly	035		participate	017		private	084
motivate	102		party	128		probably	013
motto	063		pass out	082		process	102
mount	101		passion	038		produce	062
movement	040		passport	132		product	042
muscle	082		path	054		prove	105
			patience	136		proverb	140
N			patient	125		provide	070
narrator	056		pause	094		public	112
native	036		pay off	060		publish	060
navy	012		payment	116		pump	118
nearby	134		pedal	136		pure	081
necessary	070		peel	018		purpose	035
needle	140		peer	013		put out	040
negative	117		per	031		puzzle	125
newborn	134		perform	021			
nod	040		performance	043		**Q**	
nor	020		period	114		quake	072
normally	059		persuade	094		quit	060
notice	113		physical	067			
novel	093		pimple	017		**R**	
nowadays	116		pipe	025		rail	020
			pity	048		railroad	134
O			plain	130		raise	129
observe	129		pleasant	031		rapid	047
offer	046		pleasure	022		rapidly	101
officer	060		point at	114		rate	126
official	100		poison	084		raw	081
on average	018		polar	066		reality	059
one another	044		pole	066		realize	014

reason	129		scientific	088		stand for	036
receipt	116		scratch	108		state	076
recent	114		screen	108		statue	063
recommend	042		script	056		stay up	014
recycle	085		sculpture	071		steel	108
reduce	112		seek	081		sticky	039
refund	116		select	089		strength	067
refuse	116		selfish	012		stress	124
regret	136		separate	085		stretch	117
relate	021		series	013		strict	140
relationship	106		shame	014		strike	100
relative	021		share	077		string	140
remind	046		shelter	017		strip	064
remove	108		shoot	130		stripe	064
rent	022		shot	136		stroke	125
repeatedly	008		show off	110		structure	043
represent	009		side by side	072		studio	078
require	067		sigh	014		stuff	039
rescue	044		sight	058		successfully	081
research	088		sightseeing	134		suck	064
respect	104		sign up for	090		suffer	080
respond	085		signal	026		suggest	036
responsibility	110		signature	068		suggestion	094
responsible	077		silence	035		suit	127
result in	032		silent	035		sum	101
revolution	101		silly	042		supply	068
rhythm	056		similar	072		support	046
rinse	064		sincere	113		surface	088
risk	034		sketch	090		surgery	082
romantic	093		skillful	090		surround	043
rough	126		slight	080		survey	071
route	022		slip	062		survival	070
rub	088		slippery	088		swallow	140
rubber	117		smooth	088		sweep	076
ruin	109		sneeze	136		swimsuit	134
run out of	064		solar	055		swing	040
rush	040		solid	043		switch	064
			solution	081		symbol	016
S			somewhere	135		symbolize	038
sail	067		sort	039		system	055
satellite	118		sound	092			
satisfy	030		spirit	038		**T**	
saving	071		spoil	077		tag	059
scale	086		spot	130		take after	110

take notes (of)	102
talent	009
talented	020
tap	128
task	021
tax	034
tease	014
technology	059
temperature	066
text	047
theme	102
therefore	036
thirst	082
though	058
thought	094
thread	090
thunder	032
tidy	046
tip	127
tire	124
to make matters worse	014
totally	109
touching	056
trace	017
trade	081
traffic	136
tragedy	010
transfer	020
transport	020
treat	131
tribe	010
trick	042
trip	128
truly	085
trust	104
tune	092
turn ~ into …	018
twisted	108
type	035
typhoon	076
typical	105

U

unbelievable	140
uncomfortable	031
underwater	135
uneasy	072
unexpected	010
unfortunately	062
unhealthy	084
universal	034
universe	055
university	084
unlike	072
unnecessary	070
unusual	072
used to-v	044

V

vacuum	024
valuable	112
value	063
vehicle	062
view	125
virtual	059
virus	077
vision	082
vivid	101
volume	086
voluntary	017

W

war	109
warn	136
wavy	108
wax	039
wealthy	110
weapon	109
weekly	025
well-known	133
whenever	134
whether	089
whisper	058
whole	009
widespread	135
wipe	024

wire	016
within	136
worth	013
wound	080

Y

yawn	008
yell	058

MEMO

Vocabulary Live

with video

2

WORKBOOK

Advanced

누적 테스트 02일차

#	영어	우리말	#	우리말	영어
01	aim		26	노력, 수고	e
02	represent		27	달성하다, 성취하다	a
03	display		28	하품하다; 하품	y
04	artistic		29	되풀이하여, 여러 차례	r
05	born		30	따분한, 재미없는	d
06	origin		31	강의, 강연	l
07	folk		32	시장(市長)	m
08	date back to		33	전체의, 모든; 전체	w
09	break out		34	(~) 할 수 있음, 능력	a
10	impression		35	재주, (타고난) 재능	t
11	intend		36	왕조, 왕가	d
12	apply		37	제국	e
13	application		38	기원, 유래	o
14	worth		39	부족, 종족	t
15	series		40	비극(적인 사건)	t
16	article		41	예기치 않은, 뜻밖의	u
17	bully		42	이기적인	s
18	counsel		43	탐욕스러운, 욕심 많은	g
19	peer		44	해군	n
20	challenge		45	아마도	p
21	depressed		46	10억	b
22	shame		47	(전문적인) 상담을 하다	c
23	tease		48	비참한, 불행한	m
24	stay up		49	깨닫다, 알아차리다	r
25	to make matters worse		50	한숨을 쉬다; 한숨	s

누적 테스트 03일차

01	effort		26 달성하다, 성취하다	a
02	yawn		27 되풀이하여, 여러 차례	r
03	lecture		28 따분한, 재미없는	d
04	ability		29 시장(市長)	m
05	dynasty		30 전체의, 모든; 전체	w
06	tribe		31 재주, (타고난) 재능	t
07	selfish		32 제국	e
08	greedy		33 비극(적인 사건)	t
09	application		34 예기치 않은, 뜻밖의	u
10	probably		35 해군	n
11	counsel		36 10억	b
12	sigh		37 비참한, 불행한	m
13	handle		38 깨닫다, 알아차리다	r
14	wire		39 벌거벗은, 맨-	b
15	chemical		40 화학	c
16	trace		41 상징(물); 기호, 부호	s
17	encourage		42 철, 쇠; 다리미	i
18	voluntary		43 완전히, 전적으로	c
19	shelter		44 (완전히) 지우다[없애다]	e
20	addition		45 뾰루지, 여드름	p
21	base		46 참여[참가]하다	p
22	grand		47 통로	a
23	frame		48 조명	l
24	peel		49 틀, 액자; 뼈대	f
25	turn ~ into ...		50 평균적으로; 대체로	o

누적 테스트 04일차

01 achieve	26 따분한, 재미없는	d
02 whole	27 (~) 할 수 있음, 능력	a
03 impression	28 10억	b
04 navy	29 (전문적인) 상담을 하다	c
05 peer	30 비참한, 불행한	m
06 symbol	31 깨닫다, 알아차리다	r
07 completely	32 한숨을 쉬다; 한숨	s
08 erase	33 벌거벗은, 맨-	b
09 participate	34 화학	c
10 base	35 철, 쇠; 다리미	i
11 talented	36 (완전히) 지우다[없애다]	e
12 diligent	37 뾰루지, 여드름	p
13 generally	38 참여[참가]하다	p
14 transport	39 통로	a
15 transfer	40 조명	l
16 rail	41 틀, 액자; 뼈대	f
17 relative	42 ~도 (또한) 아니다[없다]	n
18 capable	43 먼, (멀리) 떨어져 있는	d
19 perform	44 관련시키다	r
20 challenging	45 해외에(서), 해외로	a
21 attraction	46 일, 과업, 과제	t
22 depart	47 카니발, 축제	c
23 route	48 즐거움, 기쁨	p
24 rent	49 연회, 잔치	f
25 check out	50 ~을 고대하다	l

누적 테스트 05일차

#	영어		#	한글	영어
01	greedy		26	강의, 강연	l
02	bare		27	이기적인	s
03	erase		28	(전문적인) 상담을 하다	c
04	voluntary		29	상징(물); 기호, 부호	s
05	diligent		30	참여[참가]하다	p
06	generally		31	~도 (또한) 아니다[없다]	n
07	transfer		32	먼, (멀리) 떨어져 있는	d
08	relative		33	관련시키다	r
09	abroad		34	(~을) 할 수 있는; 유능한	c
10	perform		35	일, 과업, 과제	t
11	attraction		36	카니발, 축제	c
12	depart		37	즐거움, 기쁨	p
13	rent		38	연회, 잔치	f
14	manage		39	극복하다, 이겨내다	o
15	disadvantage		40	축축한, 눅눅한	d
16	wipe		41	대걸레로 닦다; 대걸레	m
17	vacuum		42	관, 파이프	p
18	locate		43	발표하다, 알리다	a
19	crack		44	결혼 생활, 결혼	m
20	liquid		45	매주의, 주 1회의	w
21	celebrity		46	신호; 신호를 보내다	s
22	clue		47	부인하다, 부정하다	d
23	equally		48	무시하다	i
24	litter		49	~에 따르면	a
25	pardon		50	~을 조사하다	l

누적 테스트 06일차   월   일 | score   / 50

01 peel _____
02 nor _____
03 relate _____
04 pleasure _____
05 manage _____
06 mop _____
07 vacuum _____
08 locate _____
09 pipe _____
10 marriage _____
11 weekly _____
12 signal _____
13 deny _____
14 confident _____
15 manner _____
16 satisfy _____
17 audience _____
18 crowd _____
19 pleasant _____
20 conversation _____
21 include _____
22 fee _____
23 bloom _____
24 harvest _____
25 result in _____

26 조명   l _____
27 해외에(서), 해외로   a _____
28 (~을) 할 수 있는; 유능한   c _____
29 극복하다, 이겨내다   o _____
30 불리한 점, 약점   d _____
31 닦다, 훔치다   w _____
32 축축한, 눅눅한   d _____
33 액체; 액체의   l _____
34 발표하다, 알리다   a _____
35 유명 인사, 유명인   c _____
36 단서, 실마리   c _____
37 똑같이, 동등하게   e _____
38 무시하다   i _____
39 행동하다, 처신하다   b _____
40 호기심   c _____
41 불편한   u _____
42 제외[배제]하다   e _____
43 ~당, ~마다   p _____
44 의뢰인, 고객   c _____
45 천둥   t _____
46 수평선, 지평선   h _____
47 층, 겹   l _____
48 섬광, 번쩍임; 번쩍이다   f _____
49 오염시키다   p _____
50 ~을 먹고 살다   f _____

workbook • 05

누적 테스트 07일차

월 　 일 | score 　 / 50

01 disadvantage _____
02 wipe _____
03 manner _____
04 satisfy _____
05 curiosity _____
06 pleasant _____
07 uncomfortable _____
08 exclude _____
09 per _____
10 thunder _____
11 bloom _____
12 harvest _____
13 flash _____
14 aware _____
15 risk _____
16 duty _____
17 universal _____
18 silent _____
19 type _____
20 mostly _____
21 educational _____
22 besides _____
23 except _____
24 interpret _____
25 elementary _____

26 극복하다, 이겨내다 　 o_____
27 매주의, 주 1회의 　 w_____
28 행동하다, 처신하다 　 b_____
29 자신감 있는; 확신하는 　 c_____
30 청중, 관중[관객] 　 a_____
31 군중, 무리 　 c_____
32 대화 　 c_____
33 포함하다; 포함시키다 　 i_____
34 요금, 수수료 　 f_____
35 의뢰인, 고객 　 c_____
36 수평선, 지평선 　 h_____
37 층, 겹 　 l_____
38 오염시키다 　 p_____
39 감염, 전염(병) 　 i_____
40 시민 　 c_____
41 세금 　 t_____
42 고요, 정적; 침묵 　 s_____
43 감정 　 e_____
44 흔히, 보통 　 c_____
45 목적; 용도 　 p_____
46 그러므로, 그 결과 　 t_____
47 제안하다 　 s_____
48 출생지의, 모국의 　 n_____
49 ~을 나타내다 　 s_____
50 무엇보다도, 특히 　 a_____

누적 테스트 08일차

| 월 일 | score / 50 |

01 behave
02 client
03 risk
04 duty
05 universal
06 silent
07 type
08 emotion
09 commonly
10 besides
11 except
12 interpret
13 elementary
14 impressed
15 architecture
16 fortune
17 spirit
18 sort
19 wax
20 damage
21 industry
22 movement
23 swing
24 back and forth
25 put out

26 호기심 — c
27 불편한 — u
28 알고[인식하고] 있는 — a
29 감염, 전염(병) — i
30 시민 — c
31 세금 — t
32 고요, 정적; 침묵 — s
33 주로, 대개 — m
34 교육의, 교육적인 — e
35 목적; 용도 — p
36 그러므로, 그 결과 — t
37 제안하다 — s
38 출생지의, 모국의 — n
39 열정 — p
40 상징하다 — s
41 사악한; 악 — e
42 끈적거리는, 달라붙는 — s
43 ~ 것, 물건 — s
44 막대한, 거대한 — e
45 건설, 공사 — c
46 돌진하다, 급하게 가다 — r
47 놓다, 두다; (알을) 낳다 — l
48 (껑충) 뛰다, 도약하다 — l
49 (땅에) 묻다, 매장하다 — b
50 끄덕이다; 끄덕임 — n

누적 테스트 09일차

01	infection	26	시민 — c
02	purpose	27	흔히, 보통 — c
03	impressed	28	교육의, 교육적인 — e
04	passion	29	건축(학); 건축 양식 — a
05	symbolize	30	부(富), 재산; 운 — f
06	evil	31	정신, 영혼; 기분 — s
07	wax	32	종류, 부류 — s
08	damage	33	끈적거리는, 달라붙는 — s
09	industry	34	~것, 물건 — s
10	movement	35	막대한, 거대한 — e
11	lay	36	건설, 공사 — c
12	nod	37	돌진하다, 급하게 가다 — r
13	swing	38	(땅에) 묻다, 매장하다 — b
14	recommend	39	(둘을) 비교하다; 비유하다 — c
15	amuse	40	제품, 생산물[품] — p
16	trick	41	(대단히) 놀라게 하다 — a
17	concrete	42	어리석은, 바보 같은 — s
18	solid	43	둘러싸다 — s
19	structure	44	차츰, 서서히 — g
20	improve	45	공연[연주]; 성과, 실적 — p
21	academic	46	사제[신부], 성직자 — p
22	belong	47	기적 — m
23	rescue	48	갈라진 틈; 격차 — g
24	migrate	49	서로(서로) — o
25	organize	50	~하곤 했다 — u

누적 테스트 10일차

01	sort		26	건축(학); 건축 양식	a
02	stuff		27	상징하다	s
03	enormous		28	정신, 영혼; 기분	s
04	amaze		29	끈적거리는, 달라붙는	s
05	silly		30	추천하다; 권고하다	r
06	concrete		31	(둘을) 비교하다; 비유하다	c
07	structure		32	제품, 생산물[품]	p
08	improve		33	즐겁게[재미있게] 하다	a
09	performance		34	둘러싸다	s
10	belong		35	차츰, 서서히	g
11	rescue		36	사제[신부], 성직자	p
12	migrate		37	기적	m
13	organize		38	갈라진 틈; 격차	g
14	offer		39	계속되는, 지속적인	c
15	support		40	(건물의) 지하층	b
16	remind		41	문화의, 문화적인	c
17	tidy		42	의사소통, 연락	c
18	junk		43	상당히, 꽤; 공정하게	f
19	barrier		44	빠른, 급한, 신속한	r
20	text		45	인구	p
21	growth		46	아주 기뻐[즐거워]하는	d
22	annoy		47	흥분, 신남	e
23	embarrass		48	겁먹게[놀라게] 하다	f
24	emotional		49	동정, 연민; 유감(인 일)	p
25	look up to		50	실망시키다	l

누적 테스트 11일차

#	영어		#	한국어	힌트
01	surround		26	포함하다; 포함시키다	i
02	priest		27	(둘을) 비교하다; 비유하다	c
03	miracle		28	(대단히) 놀라게 하다	a
04	offer		29	어리석은, 바보 같은	s
05	support		30	공연[연주]; 성과, 실적	p
06	remind		31	계속되는, 지속적인	c
07	tidy		32	쓸모없는 물건, 쓰레기	j
08	basement		33	문화의, 문화적인	c
09	barrier		34	의사소통, 연락	c
10	rapid		35	상당히, 꽤; 공정하게	f
11	growth		36	인구	p
12	embarrass		37	아주 기뻐[즐거워]하는	d
13	frighten		38	흥분, 신남	e
14	lawyer		39	상담[상의]하다	c
15	legal		40	허리케인	h
16	forecast		41	주의, 주목	a
17	chase		42	임무, 사명	m
18	path		43	우주	u
19	attract		44	고전주의의, 고전적인	c
20	barely		45	전시하다; 전시품	e
21	explore		46	대본, 각본	s
22	solar		47	상상력	i
23	system		48	감동적인	t
24	narrator		49	리듬, 율동	r
25	based on		50	~을 생각해 내다	c

누적 테스트 12일차

01 damage
02 recommend
03 cultural
04 annoy
05 forecast
06 attract
07 barely
08 explore
09 solar
10 exhibit
11 script
12 touching
13 rhythm
14 force
15 yell
16 whisper
17 normally
18 tag
19 baggage
20 advantage
21 virtual
22 crew
23 guard
24 quit
25 pay off

26 종류, 부류   s
27 놓다, 두다; (알을) 낳다   l
28 (건물의) 지하층   b
29 빠른, 급한, 신속한   r
30 상담[상의]하다   c
31 변호사   l
32 법률의; 합법적인   l
33 허리케인   h
34 주의, 주목   a
35 임무, 사명   m
36 우주   u
37 고전주의의, 고전적인   c
38 상상력   i
39 잠들지 않은, 깨어 있는   a
40 비록 ~이지만   t
41 공포(감)   h
42 시력; 보기, 봄   s
43 현실   r
44 (과학) 기술   t
45 지능   i
46 방송 진행자, 아나운서   a
47 경험이 있는, 능숙한   e
48 장교; 경(찰)관   o
49 출판[발행]하다   p
50 점점 커지다, 많아지다; ~을 늘리다   b

누적 테스트 13일차

#	English	#	Korean	Hint
01	consult	26	제품, 생산물[품]	p
02	attention	27	의사소통, 연락	c
03	universe	28	법률의; 합법적인	l
04	classical	29	임무, 사명	m
05	imagination	30	전시하다; 전시품	e
06	force	31	감동적인	t
07	though	32	잠들지 않은, 깨어 있는	a
08	whisper	33	공포(감)	h
09	normally	34	시력; 보기, 봄	s
10	reality	35	짐, 수하물	b
11	technology	36	유리한 점, 이점	a
12	intelligence	37	장교; 경(찰)관	o
13	experienced	38	출판[발행]하다	p
14	unfortunately	39	미끄러지다	s
15	injure	40	차량, 탈것	v
16	produce	41	(기계적) 장치[기구]	d
17	electric	42	좌우명, 모토	m
18	judge	43	역사(상)의, 역사적	h
19	appearance	44	조각상	s
20	value	45	독립, 자립	i
21	liberty	46	(만날) 약속, 예약	a
22	strip	47	줄무늬	s
23	switch	48	씻다; 씻어 내다[헹구다]	r
24	suck	49	꾸러미, 소포	p
25	run out of	50	공간을 만들다	m

누적 테스트 14일차

01	attract	26	잠들지 않은, 깨어 있는 — a
02	horror	27	비록 ~이지만 — t
03	sight	28	(과학) 기술 — t
04	quit	29	방송 진행자, 아나운서 — a
05	produce	30	경험이 있는, 능숙한 — e
06	device	31	미끄러지다 — s
07	judge	32	부상을 입히다 — i
08	appearance	33	차량, 탈것 — v
09	statue	34	좌우명, 모토 — m
10	independence	35	역사(상)의, 역사적 — h
11	appointment	36	자유, 해방 — l
12	stripe	37	씻다; 씻어 내다[헹구다] — r
13	switch	38	꾸러미, 소포 — p
14	consider	39	구할[이용할] 수 있는 — a
15	option	40	온도, 기온 — t
16	average	41	항해하다; (배의) 돛 — s
17	pole	42	정확히, 꼭 — e
18	polar	43	방향; 명령, 지시 — d
19	opposite	44	신체[육체]의 — p
20	require	45	예측[예견]하다 — p
21	mental	46	할인 — d
22	strength	47	설립하다 — f
23	supply	48	서명 — s
24	function	49	다발, 송이, 묶음 — b
25	fall short of	50	계속 ~하다 — k

누적 테스트 15일차

01	slip		26	(둘을) 비교하다; 비유하다	c
02	appointment		27	부상을 입히다	i
03	consider		28	(기계적) 장치[기구]	d
04	average		29	독립, 자립	i
05	temperature		30	줄무늬	s
06	sail		31	구할[이용할] 수 있는	a
07	opposite		32	북극[남극]의, 극지방의	p
08	direction		33	정확히, 꼭	e
09	require		34	신체[육체]의	p
10	mental		35	힘, 기운; 강점	s
11	discount		36	예측[예견]하다	p
12	supply		37	설립하다	f
13	bunch		38	서명	s
14	provide		39	필요한, 필수의	n
15	maximum		40	생존	s
16	comfort		41	최근에, 얼마 전에	l
17	oxygen		42	전시회; 전시	e
18	unnecessary		43	현대의, 근대의	m
19	conduct		44	조각품, 조각	s
20	brief		45	(설문) 조사	s
21	saving		46	역겨운, 구역질 나는	d
22	faint		47	비슷한, 유사한	s
23	unusual		48	~와 다른; ~답지 않은	u
24	uneasy		49	~에 싫증이 나다	b
25	quake		50	나란히	s

누적 테스트 16일차

월　　　일　|　score　　/ 50

01　opposite　_____
02　strength　_____
03　predict　_____
04　signature　_____
05　maximum　_____
06　necessary　_____
07　exhibition　_____
08　brief　_____
09　saving　_____
10　disgusting　_____
11　unusual　_____
12　quake　_____
13　unlike　_____
14　sweep　_____
15　state　_____
16　prevent　_____
17　dump　_____
18　responsible　_____
19　spoil　_____
20　share　_____
21　community　_____
22　virus　_____
23　deserted　_____
24　studio　_____
25　get to　_____

26　온도, 기온　t_____
27　방향; 명령, 지시　d_____
28　신체[육체]의　p_____
29　설립하다　f_____
30　제공[공급]하다　p_____
31　안락, 편안; 위로, 위안　c_____
32　산소　o_____
33　불필요한　u_____
34　생존　s_____
35　최근에, 얼마 전에　l_____
36　현대의, 근대의　m_____
37　(설문) 조사　s_____
38　비슷한, 유사한　s_____
39　태풍　t_____
40　환경의, 환경과 관련된　e_____
41　오염, 공해　p_____
42　교육하다　e_____
43　행동; 품행　b_____
44　우려, 걱정; 관심사　c_____
45　꾸미다, 장식하다　d_____
46　세탁물; 세탁, 세탁일　l_____
47　작은 공간, 부스　b_____
48　항구　p_____
49　분수　f_____
50　~하자마자, ~하자 곧　a_____

누적 테스트 17일차

| 월 | 일 | score | / 50 |

01 provide _____
02 lately _____
03 modern _____
04 similar _____
05 sweep _____
06 environmental _____
07 responsible _____
08 concern _____
09 deserted _____
10 decorate _____
11 laundry _____
12 fountain _____
13 studio _____
14 pressure _____
15 bandage _____
16 wound _____
17 suffer _____
18 ease _____
19 seek _____
20 trade _____
21 raw _____
22 pure _____
23 digest _____
24 vision _____
25 pass out _____

26 군중, 무리 — c_____
27 북극[남극]의, 극지방의 — p_____
28 다발, 송이, 묶음 — b_____
29 필요한, 필수의 — n_____
30 조각품, 조각 — s_____
31 태풍 — t_____
32 상태; 주(州) — s_____
33 막다[예방/방지하다] — p_____
34 오염, 공해 — p_____
35 교육하다 — e_____
36 행동; 품행 — b_____
37 작은 공간, 부스 — b_____
38 항구 — p_____
39 약간의, 조금의 — s_____
40 부상 — i_____
41 성공적으로, 훌륭하게 — s_____
42 이상적인, 완벽한; 이상 — i_____
43 해법, 해결책; 해답 — s_____
44 국제적인 — i_____
45 갈증, 목마름 — t_____
46 수술 — s_____
47 가려운, 가렵게 하는 — i_____
48 근육 — m_____
49 마비시키다 — p_____
50 ~을 돌보다 — l_____

누적 테스트 18일차

#	영어		#	우리말	영어
01	gap		26	감염, 전염(병)	i
02	embarrass		27	기적	m
03	educate		28	변호사	l
04	decorate		29	환경의, 환경과 관련된	e
05	slight		30	세탁물; 세탁, 세탁일	l
06	injury		31	분수	f
07	successfully		32	압박, 압력	p
08	seek		33	붕대	b
09	ideal		34	해법, 해결책; 해답	s
10	trade		35	국제적인	i
11	digest		36	갈증, 목마름	t
12	muscle		37	수술	s
13	paralyze		38	가려운, 가렵게 하는	i
14	private		39	시력, 눈; 통찰력; 비전	v
15	contain		40	졸업생; 졸업하다	g
16	poison		41	(종합) 대학(교)	u
17	unhealthy		42	사과하다	a
18	ingredient		43	재활용하다	r
19	truly		44	그 대신에	i
20	delay		45	규모[범위]; 저울	s
21	respond		46	대부분, 대다수	m
22	separate		47	최저[최소]의; 최저, 최소	m
23	graphic		48	도표, 차트	c
24	insert		49	얼마간의, 몇 가지의	a
25	volume		50	합계[총] ~가 되다	a

누적 테스트 19일차

01	industry	26 ~것, 물건	s
02	explore	27 대본, 각본	s
03	option	28 유리한 점, 이점	a
04	raw	29 장교; 경(찰)관	o
05	private	30 근육	m
06	contain	31 시력, 눈; 통찰력; 비전	v
07	unhealthy	32 마비시키다	p
08	delay	33 졸업생; 졸업하다	g
09	consume	34 (종합) 대학(교)	u
10	separate	35 사과하다	a
11	instead	36 재활용하다	r
12	scale	37 대부분, 대다수	m
13	minimum	38 도표, 차트	c
14	scientific	39 세포	c
15	research	40 문지르다	r
16	surface	41 미끄러운	s
17	smooth	42 실망한, 낙담한	d
18	disappoint	43 고르다, 선택[선발]하다	s
19	doubt	44 솔직히	f
20	whether	45 초상화; 인물 사진	p
21	original	46 즐거운, 명랑한	m
22	amusement	47 수집품, 소장품	c
23	knit	48 솜씨 좋은, 능숙한	s
24	sketch	49 실; 실을 꿰다	t
25	sign up for	50 ~을 좋아하는	f

누적 테스트 20일차

월　　일　|　score　　/ 50

01 comfort
02 spoil
03 ease
04 cell
05 rub
06 slippery
07 disappointed
08 doubt
09 portrait
10 original
11 amusement
12 collection
13 thread
14 tune
15 sound
16 hopeless
17 aid
18 adventurous
19 likely
20 highly
21 confuse
22 romantic
23 argument
24 mention
25 get it

26 전기의; 전기를 이용하는　e
27 힘, 기운; 강점　s
28 제공[공급]하다　p
29 꾸미다, 장식하다　d
30 압박, 압력　p
31 최저[최소]의; 최저, 최소　m
32 표면; 겉, 외면　s
33 실망시키다　d
34 고르다, 선택[선발]하다　s
35 솔직히　f
36 즐거운, 명랑한　m
37 뜨다, 뜨개질하다　k
38 솜씨 좋은, 능숙한　s
39 익숙한, 친숙한　f
40 극도의, 극심한　e
41 가난, 빈곤　p
42 여행　j
43 대륙　c
44 소설　n
45 설득하다　p
46 제안　s
47 생각하기; 생각　t
48 잠시 멈추다; 잠시 멈춤　p
49 오해하다　m
50 확실히 하다　m

누적 테스트 21일차

01	except	26	청중, 관중[관객] — a
02	architecture	27	출생지의, 모국의 — n
03	amuse	28	돌진하다, 급하게 가다 — r
04	whether	29	(땅에) 묻다, 매장하다 — b
05	skillful	30	공연[연주]; 성과, 실적 — p
06	familiar	31	수집품, 소장품 — c
07	adventurous	32	가망 없는, 절망적인 — h
08	continent	33	가난, 빈곤 — p
09	novel	34	원조, 지원; 도움 — a
10	argument	35	여행 — j
11	thought	36	혼란을 주다; 혼동하다 — c
12	pause	37	설득하다 — p
13	misunderstand	38	제안 — s
14	official	39	논평; 논평하다 — c
15	attend	40	치다, 부딪치다; 파업 — s
16	vivid	41	장례식 — f
17	deal	42	졸업(식) — g
18	mount	43	의식, −식 — c
19	sum	44	묘사, 기술 — d
20	journal	45	혁명, 변혁 — r
21	motivate	46	빨리, 급속히 — r
22	collaborate	47	빚, 부채; 빚을 진 상태 — d
23	examine	48	암기하다 — m
24	process	49	주제, 테마 — t
25	go over	50	필기하다 — t

누적 테스트 22일차

01	impression		26	(~) 할 수 있음, 능력	a
02	encourage		27	(전문적인) 상담을 하다	c
03	distant		28	화학	c
04	sound		29	일, 과업, 과제	t
05	mention		30	극도의, 극심한	e
06	official		31	잠시 멈추다; 잠시 멈춤	p
07	attend		32	오해하다	m
08	deal		33	논평; 논평하다	c
09	debt		34	치다, 부딪치다; 파업	s
10	motivate		35	장례식	f
11	process		36	졸업(식)	g
12	lack		37	묘사, 기술	d
13	respect		38	혁명, 변혁	r
14	individual		39	암기하다	m
15	trust		40	주제, 테마	t
16	department		41	정의; 공정; 사법; 재판	j
17	prove		42	방어, 수비	d
18	link		43	암	c
19	core		44	전형적인, 대표적인	t
20	feature		45	질병, 병	d
21	loss		46	호의, 친절	f
22	elder		47	존경하다	a
23	honor		48	관계, 관련	r
24	bow		49	충실한, 충성스러운	l
25	hang out		50	연락하고 지내다	k

누적 테스트 23일차

#	영어	한글	#	한글	영어
01	yell		26	끄덕이다; 끄덕임	n
02	consider		27	쓸모없는 물건, 쓰레기	j
03	maximum		28	지능	i
04	journal		29	항해하다; (배의) 돛	s
05	respect		30	비슷한, 유사한	s
06	trust		31	빨리, 급속히	r
07	justice		32	의식, -식	c
08	prove		33	방어, 수비	d
09	link		34	암	c
10	feature		35	전형적인, 대표적인	t
11	favor		36	질병, 병	d
12	honor		37	존경하다	a
13	loyal		38	관계, 관련	r
14	remove		39	화면, 스크린	s
15	scratch		40	꼬인, 비틀어진; 접질린	t
16	wavy		41	강철	s
17	bar		42	비상(사태)	e
18	contact		43	전쟁	w
19	detail		44	완전히, 전적으로	t
20	horrible		45	무기	w
21	ruin		46	웃음, 웃기	l
22	curl		47	책임[맡은 일]	r
23	genius		48	질투하는, 시기하는	j
24	wealthy		49	과시하다, 자랑하다	s
25	pride		50	~을 닮다	t

누적 테스트 24일차

#	영어		#	한국어	영어
01	examine		26	갈증, 목마름	t
02	disease		27	뜨다, 뜨개질하다	k
03	admire		28	대륙	c
04	relationship		29	소설	n
05	scratch		30	생각하기; 생각	t
06	twisted		31	전형적인, 대표적인	t
07	steel		32	호의, 친절	f
08	emergency		33	화면, 스크린	s
09	detail		34	전쟁	w
10	horrible		35	파괴하다; 망치다	r
11	weapon		36	천재; 특별한 재능	g
12	laughter		37	부유한, 재산이 많은	w
13	responsibility		38	질투하는, 시기하는	j
14	valuable		39	장비, 용품	e
15	credit		40	대중의; 공공의; 대중	p
16	launch		41	즉시, 즉각	i
17	campaign		42	결석, 결근; 없음	a
18	reduce		43	진실된, 진심 어린	s
19	notice		44	사과, 사죄	a
20	formal		45	실수, 오류	e
21	informal		46	나중에, 후에	a
22	backward		47	즉시의[즉각적인]; 순간	i
23	following		48	곧장, 똑바로	d
24	period		49	최근의	r
25	point at		50	동시에	a

누적 테스트 25일차

01 silent
02 interpret
03 text
04 remove
05 jealous
06 reduce
07 immediately
08 sincere
09 apology
10 error
11 afterward
12 directly
13 period
14 refuse
15 refund
16 prefer
17 payment
18 nowadays
19 stretch
20 limit
21 positive
22 filter
23 edge
24 pump
25 cut off

26 세금 — t
27 사악한; 악 — e
28 아주 기뻐[즐거워]하는 — d
29 부유한, 재산이 많은 — w
30 책임[맡은 일] — r
31 값비싼; 소중한, 귀중한 — v
32 외상[신용] 거래 — c
33 대중의; 공공의; 대중 — p
34 결석, 결근; 없음 — a
35 격식을 차린; 공식적인 — f
36 뒤쪽으로; 거꾸로 — b
37 즉시의[즉각적인]; 순간 — i
38 최근의 — r
39 영수증 — r
40 방법, 방식 — m
41 재료, 원료; 자료 — m
42 고무 — r
43 부정적인, 나쁜 — n
44 영향; 결과, 효과 — e
45 기후 — c
46 수도꼭지 — f
47 사슬, 체인; 연쇄, 연속 — c
48 (인공)위성, 위성 (장치) — s
49 (철사의) 케이블, 전선 — c
50 ~에 익숙하다[친숙하다] — b

누적 테스트 26일차

01	strike	26	가려운, 가렵게 하는 — i
02	department	27	졸업생; 졸업하다 — g
03	campaign	28	솜씨 좋은, 능숙한 — s
04	refuse	29	실; 실을 꿰다 — t
05	prefer	30	빚, 부채; 빚을 진 상태 — d
06	method	31	암기하다 — m
07	stretch	32	방어, 수비 — d
08	negative	33	격식을 차린; 공식적인 — f
09	effect	34	실수, 오류 — e
10	filter	35	곧장, 똑바로 — d
11	chain	36	환불(금); 환불하다 — r
12	mean	37	영수증 — r
13	stress	38	지급, 지불 — p
14	tire	39	요즘에 — n
15	major	40	재료, 원료; 자료 — m
16	puzzle	41	고무 — r
17	stroke	42	긍정적인, 좋은 — p
18	matter	43	기후 — c
19	patient	44	수도꼭지 — f
20	beat	45	(인공)위성, 위성 (장치) — s
21	degree	46	(철사의) 케이블, 전선 — c
22	bill	47	설명[기술]; 계좌 — a
23	rough	48	회사; 손님; 함께 있음 — c
24	tip	49	경치, 전망; 견해, 의견 — v
25	suit	50	비율, -율; 속도; 요금 — r

누적 테스트 27일차

01	elder		26	대부분, 대다수	m
02	contact		27	원조, 지원; 도움	a
03	wealthy		28	관계, 관련	r
04	notice		29	충실한, 충성스러운	l
05	following		30	화면, 스크린	s
06	limit		31	꼬인, 비틀어진; 접질린	t
07	edge		32	비상(사태)	e
08	mean		33	완전히, 전적으로	t
09	major		34	웃음, 웃기	l
10	puzzle		35	장비, 용품	e
11	matter		36	외상[신용] 거래	c
12	degree		37	대중의; 공공의; 대중	p
13	trip		38	사과, 사죄	a
14	party		39	나중에, 후에	a
15	lie		40	영향; 결과, 효과	e
16	custom		41	사슬, 체인; 연쇄, 연속	c
17	raise		42	설명[기술]; 계좌	a
18	observe		43	회사; 손님; 함께 있음	c
19	chief		44	경치, 전망; 견해, 의견	v
20	cast		45	비율, -율; 속도; 요금	r
21	fit		46	주소; 연설	a
22	shoot		47	수도꼭지; 톡톡 치다	t
23	plain		48	누르다; 신문, 언론	p
24	treat		49	이유, 원인; 근거; 이성	r
25	condition		50	(반)점; (특정한) 곳[장소]; 발견하다, 알아채다	s

누적 테스트 28일차

| | | 월 일 | score | / 50 |

01 movement
02 rescue
03 curl
04 launch
05 period
06 climate
07 party
08 lie
09 raise
10 chief
11 fit
12 plain
13 treat
14 cardboard
15 anywhere
16 drugstore
17 earthquake
18 well-known
19 highlight
20 household
21 landmark
22 nearby
23 railroad
24 whenever
25 underwater

26 감정 — e
27 제안하다 — s
28 열정 — p
29 놓다, 두다; (알을) 낳다 — l
30 (대단히) 놀라게 하다 — a
31 비상(사태) — e
32 천재; 특별한 재능 — g
33 진실된, 진심 어린 — s
34 주소; 연설 — a
35 수도꼭지; 톡톡 치다 — t
36 누르다; 신문, 언론 — p
37 이유, 원인; 근거; 이성 — r
38 (반)점; (특정한) 곳[장소]; 발견하다, 알아채다 — s
39 찬장, 벽장 — c
40 여권 — p
41 잘생긴, 예쁜 — g
42 집에서 만든 — h
43 평생 동안의, 일생의 — l
44 갓 태어난 — n
45 관광, 구경 — s
46 온실 — g
47 수영복 — s
48 땔나무, 장작 — f
49 광범위한, 널리 퍼진 — w
50 어딘가에[에서/로] — s

누적 테스트 29일차

| 월 일 | score | / 50 |

01 vivid
02 respect
03 reduce
04 receipt
05 cupboard
06 passport
07 good-looking
08 homemade
09 lifelong
10 newborn
11 sightseeing
12 firewood
13 widespread
14 somewhere
15 traffic
16 pedal
17 bet
18 shot
19 regret
20 ancient
21 blink
22 entire
23 bullet
24 differ
25 within

26 묘사, 기술   d
27 치다, 부딪치다; 파업   s
28 파괴하다; 망치다   r
29 값비싼; 소중한, 귀중한   v
30 뒤쪽으로; 거꾸로   b
31 수도꼭지   f
32 판지   c
33 지진   e
34 유명한, 잘 알려진   w
35 철도 선로, 철도   r
36 온실   g
37 수영복   s
38 참을성, 인내력   p
39 금속   m
40 재채기하다   s
41 축복을 빌다   b
42 현금, 현찰   c
43 지저분한   m
44 불평하다, 항의하다   c
45 금지하다   b
46 논의, 상의   d
47 절벽   c
48 경고하다   w
49 거리   d
50 광고하다   a

누적 테스트 30일차

01 wavy
02 rate
03 bill
04 patience
05 sneeze
06 bless
07 messy
08 complain
09 ban
10 discussion
11 cliff
12 warn
13 distance
14 advertise
15 envy
16 gorgeous
17 hatch
18 expert
19 harm
20 canal
21 law
22 jail
23 document
24 fortunately
25 unbelievable

26 10억 b
27 결석, 결근; 없음 a
28 방법, 방식 m
29 (인공)위성, 위성 (장치) s
30 교통(량) t
31 돈을 걸다; 내기 b
32 (총기의) 발사; 슛 s
33 후회하다; 후회 r
34 고대의, 아주 오래된 a
35 전체의 e
36 총알 b
37 다르다 d
38 문법 g
39 속담, 격언 p
40 낙관론자 o
41 엄한, 엄격한 s
42 범죄 c
43 바늘 n
44 증거, 근거 e
45 고용하다 h
46 끈, 줄 s
47 불법의, 불법적인 i
48 계산대; 판매대 c
49 삼키다 s
50 아픈[고통스러운] p

Answer Key

DAY 02

01 목적, 목표; 목표하다; 겨누다 02 대표하다; 나타내다, 상징하다 03 전시[진열]하다; 드러내다; 전시, 진열 04 예술의, 예술적인 05 태어나다; 타고난, 천부적인 06 기원, 유래 07 (세상) 사람들; 민간의; 민속의 08 ~로 거슬러 올라가다 09 (전쟁·화재 등이) 발발[발생]하다 10 인상[느낌] 11 의도하다, 작정이다 12 신청하다, 지원하다; 적용되다 13 지원[신청](서); 적용, 응용 14 ~할 가치가 있는; (얼마)어치; 가치, 값어치 15 연속; 시리즈, 연속물 16 (신문·잡지 등의) 글, 기사 17 괴롭히는 사람, 불량배; 괴롭히다[왕따시키다] 18 (전문적인) 상담을 하다 19 또래, 동료 20 도전, 난제; 도전하다; 이의를 제기하다 21 우울한, 의기소침한 22 수치심, 부끄러움; 애석한 일 23 놀리다; 괴롭히다 24 (늦게까지) 안 자다[깨어 있다] 25 설상가상으로, 엎친 데 덮친 격으로 26 effort 27 achieve 28 yawn 29 repeatedly 30 dull 31 lecture 32 mayor 33 whole 34 ability 35 talent 36 dynasty 37 empire 38 origin 39 tribe 40 tragedy 41 unexpected 42 selfish 43 greedy 44 navy 45 probably 46 billion 47 counsel 48 miserable 49 realize 50 sigh

DAY 03

01 노력, 수고 02 하품하다; 하품 03 강의, 강연 04 (~) 할 수 있음, 능력 05 왕조, 왕가 06 부족, 종족 07 이기적인 08 탐욕스러운, 욕심 많은 09 지원[신청](서); 적용, 응용 10 아마도 11 (전문적인) 상담을 하다 12 한숨을 쉬다; 한숨 13 다루다[처리하다]; (손으로) 만지다; 손잡이 14 철사; 전선 15 화학의; 화학적인; 화학 물질[제품] 16 추적하다, 찾아내다; 자취, 흔적 17 격려하다, 장려[권장]하다 18 자발적인; 자원봉사로 하는 19 피난처, 보호소; 피난처를 제공하다, 보호하다 20 추가, 부가; 추가된 것; 증축 21 맨 아래 부분; 기초[토대] 22 웅장한; 호화로운 23 틀, 액자; 뼈대 24 벗겨지다; (~의) 껍질을 벗기다 25 ~을 …로 바꿔 놓다, ~에서 …이 되게 하다 26 achieve 27 repeatedly 28 dull 29 mayor 30 whole 31 talent 32 empire 33 tragedy 34 unexpected 35 navy 36 billion 37 miserable 38 realize 39 bare 40 chemistry 41 symbol 42 iron 43 completely 44 erase 45 pimple 46 participate 47 aisle 48 lighting 49 frame 50 on, average

DAY 04

01 달성하다, 성취하다 02 전체의, 모든; 전체 03 인상[느낌] 04 해군 05 또래, 동료 06 상징(물); 기호, 부호 07 완전히, 전적으로 08 (완전히) 지우다[없애다] 09 참여[참가]하다 10 맨 아래 부분; 기초[토대] 11 (타고난) 재능이 있는 12 성실한, 부지런한 13 일반적으로, 대체로; 보통 14 수송[운송]하다; 수송, 운송 15 이동하다, 환승하다; 이동, 환승 16 (철도의) 레일[선로]; 기차, 철도 17 친척; 비교적인, 상대적인 18 (~을) 할 수 있는; 유능한 19 공연[연주]하다; 행하다[수행하다] 20 능력을 시험하는, 도전적인 21 명소[명물]; 끄는 힘; 매력(적인 요소) 22 (특히 여행을) 떠나다[출발하다] 23 길, 경로; (버스·기차 등의) 노선 24 임대하다, 빌려주다; 임차하다, 빌리다; 집세[임차료] 25 ~을 확인하다; 체크아웃 하다[퇴실하다] 26 dull 27 ability 28 billion 29 counsel 30 miserable 31 realize 32 sigh 33 bare 34 chemistry 35 iron 36 erase 37 pimple 38 participate 39 aisle 40 lighting 41 frame 42 nor 43 distant 44 relate 45 abroad 46 task 47 carnival 48 pleasure 49 feast 50 look, forward, to

DAY 05

01 탐욕스러운, 욕심 많은 02 벌거벗은, 맨– 03 (완전히) 지우다[없애다] 04 자발적인; 자원봉사로 하는 05 성실한, 부지런한 06 일반적으로, 대체로; 보통 07 이동하다; 환승하다; 이동, 환승 08 친척; 비교적인, 상대적인 09 해외에(서), 해외로 10 공연[연주]하다; 행하다[수행하다] 11 명소[명물]; 끄는 힘; 매력(적인 요소) 12 (특히 여행을) 떠나다[출발하다] 13 임대하다, 빌려주다; 임차하다, 빌리다; 집세[임차료] 14 간신히 해내다; 경영[관리]하다 15 불리한 점, 약점 16 닦다, 훔치다 17 진공; 진공청소기로 청소하다 18 ~의 위치를 찾아내다; (특정 위치에) 두다 19 금이 가다; 금이 가게 하다; (갈라진) 금 20 액체; 액체의 21 유명 인사, 유명인 22 단서, 실마리 23 똑같이, 동등하게 24 (공공장소에 버려진) 쓰레기; 어질러진 것들 25 용서하다; 사면하다; 용서; 사면 26 lecture 27 selfish 28 counsel 29 symbol 30 participate 31 nor 32 distant 33 relate 34 capable 35 task 36 carnival 37 pleasure 38 feast 39 overcome 40 damp 41 mop 42 pipe 43 announce 44 marriage 45 weekly 46 signal 47 deny 48 ignore 49 according, to 50 look, into

DAY 06

01 벗겨지다; (~의) 껍질을 벗기다 02 ~도 (또한) 아니다[없다] 03 관련시키다 04 즐거움, 기쁨 05 간신히 해내다; 경영[관리]하다 06 대걸레로 닦다; 대걸레 07 진공; 진공청소기로 청소하다 08 ~의 위치를 찾아내다; (특정 위치에) 두다 09 관, 파이프 10 결혼 생활, 결혼 11 매주의, 주 1회의 12 신호; 신호를 보내다 13 부인하다, 부정하다 14 자신감 있는; 확신하는 15 방식; (사람의) 태도; 예의 16 만족시키다; (필요·욕구 등을) 충족시키다 17 청중, 관중[관객] 18 군중, 무리 19 즐거운, 기분 좋은; 상냥한 20 대화 21 포함하다; 포함시키다 22 요금, 수수료 23 (나무·가지 전체의) 꽃; 꽃을 피우다, 개화하다 24 수확, 추수; 수확[추수]하다 25 (~한 결과를) 낳다[야기하다] 26 lighting 27 abroad 28 capable 29 overcome 30 disadvantage 31 wipe 32 damp 33 liquid 34 announce 35 celebrity 36 clue 37 equally 38 ignore 39 behave 40 curiosity 41 uncomfortable 42 exclude 43 per 44 client 45 thunder 46 horizon 47 layer 48 flash 49 pollute 50 feed, on

DAY 07

01 불리한 점, 약점 02 닦다, 훔치다 03 방식; (사람의) 태도; 예의 04 만족시키다; (필요·욕구 등을) 충족시키다 05 호기심 06 즐거운, 기분 좋은; 상냥한 07 불편한 08 제외[배제]하다 09 ~당, ~마다 10 천둥 11 (나무·가지 전체의) 꽃; 꽃을 피우다, 개화하다 12 수확, 추수; 수확[추수]하다 13 섬광, 번쩍임; 번쩍이다 14 알고[인식하고] 있는 15 위험(성); 위험 요소 16 의무; 직무, 임무 17 일반적인, 보편적인; 전 세계적인 18 침묵하는; 조용한 19 종류, 유형; ~타입의 사람 20 주로, 대개 21 교육의, 교육적인 22 ~ 외에[밖에]; 게다가 23 ~을 제외하고는, ~ 외에는 24 해석하다; 통역하다 25 초보의, 초급의; 기본적인 26 overcome 27 weekly 28 behave 29 confident 30 audience 31 crowd 32 conversation 33 include 34 fee 35 client 36 horizon 37 layer 38 pollute 39 infection 40 citizen 41 tax 42 silence 43 emotion 44 commonly 45 purpose 46 therefore 47 suggest 48 native 49 stand, for 50 above, all

DAY 08

01 행동하다, 처신하다 02 의뢰인, 고객 03 위험(성); 위험 요소 04 의무; 직무, 임무 05 일반적인, 보편적인; 전 세계적인 06 침묵하는; 조용한 07 종류, 유형; ~타입의 사람 08 감정 09 흔히, 보통 10 ~ 외에[밖에]; 게다가 11 ~을 제외하고는, ~ 외에는 12 해석하다; 통역하다 13 초보의, 초급의; 기본적인 14 감명을 받은, 좋은 인상을 받은 15 건축(학); 건축 양식 16 부(富), 재산; 운 17 정신, 영혼; 기분 18 종류, 부류 19 밀랍, 왁스; 왁스로 광을 내다 20 손상, 피해; 손상을 주다, 피해를 입히다 21 산업, (제조) 공업; (특정 분야의) -업 22 동작, 움직임; (조직적인) 운동 23 흔들리다; 흔들다; 휘두르다; 그네 24 앞뒤로 (움직이는), 왔다 갔다 (하는) 25 (불을) 진화하다; (불·전깃불 등을) 끄다 26 curiosity 27 uncomfortable 28 aware 29 infection 30 citizen 31 tax 32 silence 33 mostly 34 educational 35 purpose 36 therefore 37 suggest 38 native 39 passion 40 symbolize 41 evil 42 sticky 43 stuff 44 enormous 45 construction 46 rush 47 lay 48 leap 49 bury 50 nod

DAY 09

01 감염, 전염(병) 02 목적; 용도 03 감명을 받은, 좋은 인상을 받은 04 열정 05 상징하다 06 사악한; 악 07 밀랍, 왁스; 왁스로 광을 내다 08 손상, 피해; 손상을 주다, 피해를 입히다 09 산업, (제조) 공업; (특정 분야의) -업 10 동작, 움직임; (조직적인) 운동 11 놓다, 두다; (알을) 낳다 12 끄덕이다; 끄덕임 13 흔들리다; 흔들다; 휘두르다; 그네 14 추천하다; 권고하다 15 즐겁게[재미있게] 하다 16 속임수; 장난; 속이다 17 구체적인; 콘크리트로 된 18 단단한; 고체의; 고체 19 구조; 구조물, 건축물 20 개선되다, 나아지다; 향상시키다 21 학업의, 학교의; 학문의, 학술적인 22 (~에) 속하다, (~의) 것이다; (있어야 할 곳에) 있다 23 구조[구출]하다; 구조, 구출 24 (철새 등이) 이동하다; 이주하다 25 준비[조직]하다; 정리[체계화]하다 26 citizen 27 commonly 28 educational 29 architecture 30 fortune 31 spirit 32 sort 33 sticky 34 stuff 35 enormous 36 construction 37 rush 38 bury 39 compare 40 product 41 amaze 42 silly 43 surround 44 gradually 45 performance 46 priest 47 miracle 48 gap 49 one, another 50 used, to

DAY 10

01 종류, 부류 02 ~ 것, 물건 03 막대한, 거대한 04 (대단히) 놀라게 하다 05 어리석은, 바보 같은 06 구체적인; 콘크리트로 된 07 구조; 구조물, 건축물 08 개선되다, 나아지다; 향상시키다 09 공연[연주]; 성과, 실적 10 (~에) 속하다, (~의) 것이다; (있어야 할 곳에) 있다 11 구조[구출]하다; 구조, 구출 12 (철새 등이) 이동하다; 이주하다 13 준비

[조직]하다; 정리[체계화]하다 14 제의[제안]하다; 제공하다; 제안, 제의 15 지지[지원]하다; 후원[부양]하다; 지지, 지원 16 상기시키다, 생각나게 하다 17 깔끔한, 잘 정돈된; 정돈하다 18 쓸모없는 물건, 쓰레기 19 장벽; 장애물 20 본문; 글[문서]; 문자메시지를 보내다 21 성장; (크기·양 등의) 증가 22 짜증나게 하다, 귀찮게 하다 23 당황스럽게[난처하게] 만들다 24 정서의, 감정의; 감정적인 25 ~을 존경하다, ~을 우러러보다 26 architecture 27 symbolize 28 spirit 29 sticky 30 recommend 31 compare 32 product 33 amuse 34 surround 35 gradually 36 priest 37 miracle 38 gap 39 continuous 40 basement 41 cultural 42 communication 43 fairly 44 rapid 45 population 46 delighted 47 excitement 48 frighten 49 pity 50 let, down

DAY 11

01 둘러싸다 02 사제[신부], 성직자 03 기적 04 제의[제안]하다; 제공하다; 제안, 제의 05 지지[지원]하다; 후원[부양]하다; 지지, 지원 06 상기시키다, 생각나게 하다 07 깔끔한, 잘 정돈된; 정돈하다 08 (건물의) 지하층 09 장벽; 장애물 10 빠른, 급한, 신속한 11 성장; (크기·양 등의) 증가 12 당황스럽게[난처하게] 만들다 13 겁먹게[놀라게] 하다 14 변호사 15 법률의; 합법적인 16 예측, 예보; 예측[예보]하다 17 뒤쫓다, 추적하다; 추구하다; 추적[추격] 18 (밟아서 생긴) 길, 오솔길; 진로 19 끌어들이다; (주의·흥미를) 끌다 20 간신히, 가까스로; 거의 ~않게 21 탐험[답사]하다; 조사[탐구]하다 22 태양의; 태양에 의해 생기는 23 제도, 체제; 체계, 시스템 24 서술자, 내레이터 25 ~에 근거하여[기초하여] 26 include 27 compare 28 amaze 29 silly 30 performance 31 continuous 32 junk 33 cultural 34 communication 35 fairly 36 population 37 delighted 38 excitement 39 consult 40 hurricane 41 attention 42 mission 43 universe 44 classical 45 exhibit 46 script 47 imagination 48 touching 49 rhythm 50 come, up, with

DAY 12

01 손상, 피해; 손상을 주다, 피해를 입히다 02 추천하다; 권고하다 03 문화의, 문화적인 04 짜증나게 하다, 귀찮게 하다 05 예측, 예보; 예측[예보]하다 06 끌어들이다; (주의·흥미를) 끌다 07 간신히, 가까스로; 거의 ~않게 08 탐험[답사]하다; 조사[탐구]하다 09 태양의; 태양에 의해 생기는 10 전시하다; 전시품 11 대본, 각본 12 감동적인 13 리듬, 율동 14 힘; 무력; 강요하다, 억지로 ~을 시키다 15 고함치다, 소리지르다; 고함, 외침 16 속삭이다; 속삭임 17 보통은, 보통 때는; 정상적으로 18 꼬리표[태그] 19 짐, 수화물 20 유리한 점, 이점 21 사실상의, 거의 ~과 다름없는; 가상의 22 (기차·비행기 따위의) 승무원 (전원) 23 경비[경호]원; 보초; 지키다, 보호하다 24 (직장·학교 등을) 그만두다 25 성과를 거두다; ~을 다 갚다 26 sort 27 lay 28 basement 29 rapid 30 consult 31 lawyer 32 legal 33 hurricane 34 attention 35 mission 36 universe 37 classical 38 imagination 39 awake 40 though 41 horror 42 sight 43 reality 44 technology 45 intelligence 46 announcer 47 experienced 48 officer 49 publish 50 build, up

DAY 13

01 상담[상의하다 02 주의, 주목 03 우주 04 고전주의의, 고전적인 05 상상력 06 힘; 무력; 강요하다, 억지로 ~을 시키다 07 비록 ~이지만 08 속삭이다; 속삭임 09 보통은, 보통 때는; 정상적으로 10 현실 11 (과학) 기술 12 지능 13 경험이 있는, 능숙한 14 불행하게도, 유감스럽게도 15 부상을 입히다 16 생산[제조]하다; (결과 등을) 낳다 17 전기의; 전기를 이용하는 18 판단하다; 재판관, 판사 19 (겉)모습, 외모; 등장, 출현 20 (금전적) 가치; 가치, 중요성 21 자유, 해방 22 (옷을) 벗다[벗기다]; 가늘고 긴 조각 23 전환하다, 바꾸다; 스위치; 전환, 변경 24 빨아먹다; 빨다; 빨아들이다 25 ~이 다 떨어지다, ~을 다 쓰다 26 product 27 communication 28 legal 29 mission 30 exhibit 31 touching 32 awake 33 horror 34 sight 35 baggage 36 advantage 37 officer 38 publish 39 slip 40 vehicle 41 device 42 motto 43 historical 44 statue 45 independence 46 appointment 47 stripe 48 rinse 49 package 50 make, room

DAY 14

01 끌어들이다; (주의·흥미를) 끌다 02 공포(감) 03 시력; 보기, 봄 04 (직장·학교 등을) 그만두다 05 생산[제조]하다; (결과 등을) 낳다 06 (기계적) 장치[기구] 07 판단하다; 재판관, 판사 08 (겉)모습, 외모; 등장, 출현 09 조각상 10 독립, 자립 11 (만날) 약속, 예약 12 줄무늬 13 전환하다, 바꾸다; 스위치; 전환, 변경 14 고려[숙고]하다; ~로 여기다 15 선택(할 수 있는 것); 선택권 16 평균의; 보통의; 평균; 보통 (수준) 17 막대기, 기둥; (지구의) 극 18 북극[남극]의, 극지방의 19 건너편[맞은편]에; 건너편[맞은편]의; (정)반대의 20 필요로 하다; (법·규칙 등이) 요구하다 21 정신의, 정신적

인 22 힘, 기운; 강점 23 공급(량); 공급[제공]하다 24 기능; (제대로) 기능하다[작동하다] 25 ~에 못 미치다, ~이 부족하다 26 awake 27 though 28 technology 29 announcer 30 experienced 31 slip 32 injure 33 vehicle 34 motto 35 historical 36 liberty 37 rinse 38 package 39 available 40 temperature 41 sail 42 exactly 43 direction 44 physical 45 predict 46 discount 47 found 48 signature 49 bunch 50 keep, on

DAY 15

01 미끄러지다 02 (만날) 약속, 예약 03 고려[숙고]하다; ~로 여기다 04 평균의; 보통의; 평균, 보통 (수준) 05 온도, 기온 06 항해하다; (배의) 돛 07 건너편[맞은편]에; 건너편[맞은편]의; (정)반대의 08 방향; 명령, 지시 09 필요로 하다; (법·규칙 등이) 요구하다 10 정신의, 정신적인 11 할인 12 공급(량); 공급[제공]하다 13 다발, 송이, 묶음 14 제공[공급]하다 15 최고[최대]의; 최고, 최대 16 안락, 편안; 위로, 위안 17 산소 18 불필요한 19 (특정한 활동을) 하다, 수행하다; 행위, 행동 20 (시간이) 짧은, 잠시 동안의; 간단한 21 저축한 돈, 저금; 절약(한 양) 22 (빛·소리·냄새 등이) 희미한[약한] 23 특이한, 흔치 않은, 드문 24 불안한; 어수선한, 불편한 25 몸을 떨다; 마구 흔들리다[진동하다] 26 compare 27 injure 28 device 29 independence 30 stripe 31 available 32 polar 33 exactly 34 physical 35 strength 36 predict 37 found 38 signature 39 necessary 40 survival 41 lately 42 exhibition 43 modern 44 sculpture 45 survey 46 disgusting 47 similar 48 unlike 49 be, sick, of 50 side, by, side

DAY 16

01 건너편[맞은편]에; 건너편[맞은편]의; (정)반대의 02 힘, 기운; 강점 03 예측[예견]하다 04 서명 05 최고[최대]의; 최고, 최대 06 필요한, 필수의 07 전시회, 전시 08 (시간이) 짧은, 잠시 동안의; 간단한 09 저축한 돈, 저금; 절약(한 양) 10 역겨운, 구역질 나는 11 특이한, 흔치 않은, 드문 12 몸을 떨다; 마구 흔들리다[진동하다] 13 ~와 다른; ~답지 않은 14 쓸다, 청소하다; (장소를) 휩쓸다 15 상태; 주(州) 16 막다[예방/방지하다] 17 (쓰레기 따위를) 버리다; 털썩 내려놓다; (쓰레기) 폐기장 18 책임이 있는; 책임지고 있는 19 망치다; 버릇없게 키우다 20 공유하다; 나누다 21 주민, 지역사회; 공동체[사회] 22 바이러스; 바이러스성 질환; (컴퓨터) 바이러스 23 사람이 없는, 인적이 끊긴 24 방송실, 스튜디오; 작업실 25 ~에 도착하다, ~에 이르다 26 temperature 27 direction 28 physical 29 found 30 provide 31 comfort 32 oxygen 33 unnecessary 34 survival 35 lately 36 modern 37 survey 38 similar 39 typhoon 40 environmental 41 pollution 42 educate 43 behavior 44 concern 45 decorate 46 laundry 47 booth 48 port 49 fountain 50 as, soon, as

DAY 17

01 제공[공급]하다 02 최근에, 얼마 전에 03 현대의, 근대의 04 비슷한, 유사한 05 쓸다, 청소하다; (장소를) 휩쓸다 06 환경의, 환경과 관련된 07 책임이 있는; 책임지고 있는 08 우려, 걱정; 관심사 09 사람이 없는, 인적이 끊긴 10 꾸미다, 장식하다 11 세탁물; 세탁, 세탁일 12 분수 13 방송실, 스튜디오; 작업실 14 압박, 압력 15 붕대 16 상처, 부상; 상처[부상]를 입히다 17 (병 등에) 고통받다; (불쾌한 일을) 겪다[당하다] 18 쉬움, 용이함; 완화시키다, 편하게 하다 19 찾다; (조언 등을) 청하다, 구하다 20 무역[거래]; 사업[-업]; 무역[거래]하다 21 익히지 않은, 날것의; 가공하지 않은 22 불순물이 없는, 순수한; 맑은, 깨끗한 23 (음식을) 소화하다; 소화되다 24 시력, 눈; 통찰력; 비전 25 기절하다, 의식을 잃다; 나눠 주다 26 crowd 27 polar 28 bunch 29 necessary 30 sculpture 31 typhoon 32 state 33 prevent 34 pollution 35 educate 36 behavior 37 booth 38 port 39 slight 40 injury 41 successfully 42 ideal 43 solution 44 international 45 thirst 46 surgery 47 itchy 48 muscle 49 paralyze 50 look, after

DAY 18

01 갈라진 틈; 격차 02 당황스럽게[난처하게] 만들다 03 교육하다 04 꾸미다, 장식하다 05 약간의, 조금의 06 부상 07 성공적으로, 훌륭하게 08 찾다; (조언 등을) 청하다, 구하다 09 이상적인, 완벽한; 이상 10 무역[거래]; 사업[-업]; 무역[거래]하다 11 (음식을) 소화하다; 소화되다 12 근육 13 마비시키다 14 사적인; 사유의, 사립의 15 (~이) 들어 있다, 포함하다; 함유하다 16 독(약); 독살하다; 독을 넣다 17 건강하지 않은; 건강에 해로운 18 (요리 등의) 재료[성분]; 구성 요소 19 정말로, 참으로; 진심으로 20 지연, 지체; 지연[지체]시키다 21 반응[대응]하다; 대답[응답]하다 22 분리된; 별개의; 분리되다[하다] 23 그림[도표]을 이용한; (화면에 표시된) 도형, 그래픽 24 (다른 것 속에) 끼우다[삽입하다] 25 (TV·라디오 등의) 음량[볼륨]; 용량 26 infection 27 miracle 28 lawyer 29 environmental 30 laundry 31

fountain 32 pressure 33 bandage 34 solution 35 international 36 thirst 37 surgery 38 itchy 39 vision 40 graduate 41 university 42 apologize 43 recycle 44 instead 45 scale 46 majority 47 minimum 48 chart 49 a, number, of 50 add, up, to

DAY 19

01 산업, (제조) 공업; (특정 분야의) -업 02 탐험[답사]하다; 조사[탐구]하다 03 선택(할 수 있는 것); 선택권 04 익히지 않은, 날것의; 가공하지 않은 05 사적인, 사유의, 사립의 06 (~이) 들어 있다, 포함하다; 함유하다 07 건강하지 않은; 건강에 해로운 08 지연, 지체; 지연[지체]시키다 09 소비[소모]하다 10 분리된; 별개의; 분리되다[하다] 11 그 대신에 12 규모[범위]; 저울 13 최저[최소]의; 최저, 최소 14 과학(상)의; 과학적인 15 연구, 조사; 연구[조사]하다 16 표면; 겉, 외면 17 (표면이) 매끄러운; 순조로운 18 실망시키다 19 의심; 의심하다 20 ~인지 (아닌지); ~이든 (아니든) 21 원래의; 원본의; 독창적인 22 즐거움, 재미, 오락, 놀이 23 뜨다, 뜨개질하다 24 스케치, 밑그림; 스케치하다 25 ~을 신청하다 26 stuff 27 script 28 advantage 29 officer 30 muscle 31 vision 32 paralyze 33 graduate 34 university 35 apologize 36 recycle 37 majority 38 chart 39 cell 40 rub 41 slippery 42 disappointed 43 select 44 frankly 45 portrait 46 merry 47 collection 48 skillful 49 thread 50 fond, of

DAY 20

01 안락, 편안; 위로, 위안 02 망치다; 버릇없게 키우다 03 쉬움, 용이함; 완화시키다, 편하게 하다 04 세포 05 문지르다 06 미끄러운 07 실망한, 낙담한 08 의심; 의심하다 09 초상화; 인물 사진 10 원래의; 원본의; 독창적인 11 즐거움, 재미, 오락, 놀이 12 수집품, 소장품 13 실; 실을 꿰다 14 곡(조), 선율; (악기의) 음을 맞추다, 조율하다 15 소리; (~하게) 들리다; (소리가) 나다; ~의 소리를 내다 16 가망 없는, 절망적인 17 원조, 지원; 도움 18 모험심이 강한; 모험적인, 모험 가득한 19 ~할 것 같은[것으로 예상되는] 20 매우, 대단히; (수준·양 등이) 높이[많이], 고도로 21 혼란을 주다; 혼동하다 22 로맨틱한, 연애의; 낭만적인 23 논쟁, 언쟁[말다툼]; 주장 24 (말·글로) 언급[거론]하다 25 이해하다 26 electric 27 strength 28 provide 29 decorate 30 pressure 31 minimum 32 surface 33 disappoint 34 select 35 frankly 36 merry 37 knit 38 skillful 39 familiar 40 extreme 41 poverty 42 journey 43 continent 44 novel 45 persuade 46 suggestion 47 thought 48 pause 49 misunderstand 50 make, sure

DAY 21

01 ~을 제외하고는, ~ 외에는 02 건축(학); 건축 양식 03 즐겁게[재미있게] 하다 04 ~인지 (아닌지); ~이든 (아니든) 05 솜씨 좋은, 능숙한 06 익숙한, 친숙한 07 모험심이 강한; 모험적인, 모험 가득한 08 대륙 09 소설 10 논쟁, 언쟁[말다툼]; 주장 11 생각하기; 생각 12 잠시 멈추다; 잠시 멈춤 13 오해하다 14 공무[직무]상의; 공식의; 공무원, 관리 15 출석[참석]하다; (학교 등에) 다니다 16 (기억·묘사 등이) 생생한; (색 등이) 선명한 17 다루다, 처리하다; 거래, 합의 18 올라가다; (말 등에) 올라타다; 증가하다 19 (돈의) 금액, 합계; 요약하다 20 (전문 분야를 다루는) 잡지, 학술지; 일기 21 동기를 부여하다 22 협력하다, 공동으로 작업하다 23 조사[검토]하다; 검사하다, 진찰하다 24 과정[절차]; (원자재·식품 등을) 가공[처리]하다 25 ~을 점검[검토]하다 26 audience 27 native 28 rush 29 bury 30 performance 31 collection 32 hopeless 33 poverty 34 aid 35 journey 36 confuse 37 persuade 38 suggestion 39 comment 40 strike 41 funeral 42 graduation 43 ceremony 44 description 45 revolution 46 rapidly 47 debt 48 memorize 49 theme 50 take, notes

DAY 22

01 인상[느낌] 02 격려하다; 장려[권장]하다 03 먼, (멀리) 떨어져 있는 04 소리; (~하게) 들리다 (소리가) 나다; ~의 소리를 내다 05 (말·글로) 언급[거론]하다 06 공무[직무]상의; 공식의; 공무원, 관리 07 출석[참석]하다; (학교 등에) 다니다 08 다루다, 처리하다; 거래, 합의 09 빚, 부채; 빚을 진 상태 10 동기를 부여하다 11 과정[절차]; (원자재·식품 등을) 가공[처리]하다 12 결핍, 부족; ~이 없다, 부족하다 13 존경[존중]하다; 존경, 존중 14 개개의, 개별의; 개인(용)의; 개인 15 신뢰; 신뢰하다; (옳음을) 믿다 16 (조직·기구의) 부서[부처/학과] 17 입증[증명]하다; (~임이) 드러나다[판명되다] 18 연결하다; 관련시키다; 관련(성) 19 중심부; 핵심; 핵심적인 20 특징; 특별히 포함하다, 특징으로 삼다 21 상실, 손실; (금전적인) 손해 22 (특히 가족 관계에서) 나이가 더 많은 23 명예, 명성; 영광(스러운 것) 24 머리를 숙이다, 허리를 굽히다; 절, 인사; 활 25 시간을 보내다, 어울려 놀다 26 ability 27 counsel 28 chemistry 29 task 30 extreme 31 pause 32 misunderstand 33 comment 34 strike 35 funeral 36 graduation 37 description

38 revolution 39 memorize 40 theme 41 justice 42 defense 43 cancer 44 typical 45 disease 46 favor 47 admire 48 relationship 49 loyal 50 keep, in, touch

DAY 23

01 고함치다, 소리지르다; 고함, 외침 02 고려[숙고]하다; ~로 여기다 03 최고[최대]의; 최고, 최대 04 (전문 분야를 다루는) 잡지, 학술지; 일기 05 존경[존중]하다; 존경, 존중 06 신뢰; 신뢰하다; (옳음을) 믿다 07 정의; 공정; 사법; 재판 08 입증[증명]하다; (~임이) 드러나다[판명되다] 09 연결하다; 관련시키다; 관련(성) 10 특징; 특별히 포함하다, 특징으로 삼다 11 호의, 친절 12 명예, 명성; 영광(스러운 것) 13 충실한, 충성스러운 14 치우다; 없애다, 제거하다 15 긁다; 할퀴다; 긁힌 자국[상처] 16 웨이브가 있는, 물결 모양의 17 빗장, 창살; (초콜릿·비누 등의) 바; 막대기 (모양의 것) 18 접촉; 연락; 연락하다 19 세부 사항; 상세한 내용[정보] 20 끔찍한, 무시무시한 21 파괴하다; 망치다 22 곱슬곱슬하다[하게 만들다]; 곱슬머리 23 천재; 특별한 재능 24 부유한, 재산이 많은 25 자랑스러움, 자부심; 자존심; 자만심 26 nod 27 junk 28 intelligence 29 sail 30 similar 31 rapidly 32 ceremony 33 defense 34 cancer 35 typical 36 disease 37 admire 38 relationship 39 screen 40 twisted 41 steel 42 emergency 43 war 44 totally 45 weapon 46 laughter 47 responsibility 48 jealous 49 show, off 50 take, after

DAY 24

01 조사[검토]하다; 검사하다, 진찰하다 02 질병, 병 03 존경하다 04 관계, 관련 05 긁다; 할퀴다; 긁힌 자국[상처] 06 꼬인, 비틀어진; 접질린 07 강철 08 비상(사태) 09 세부 사항; 상세한 내용[정보] 10 끔찍한, 무시무시한 11 무기 12 웃음, 웃기 13 책임[맡은 일] 14 값비싼, 소중한, 귀중한 15 외상[신용] 거래 16 시작[개시]하다; (상품을) 출시하다 17 (사회적·정치적) 운동, 캠페인 18 줄이다[축소하다]; 낮추다 19 주목[신경을 씀], 통지, 예고; 알아차리다 20 격식을 차린; 공식적인 21 격식을 차리지 않는; 비공식의 22 뒤쪽으로; 거꾸로 23 (시간상으로) 다음의; 다음에 나오는 24 기간; (역사적으로 구분된) 시대 25 (손가락으로) ~을 가리키다 26 thirst 27 knit 28 continent 29 novel 30 thought 31 typical 32 favor 33 screen 34 war 35 ruin 36 genius 37 wealthy 38 jealous 39 equipment 40 public 41 immediately 42 absence 43 sincere 44 apology 45 error 46 afterward 47 instant 48 directly 49 recent 50 at, the, same, time

DAY 25

01 침묵하는; 조용한 02 해석하다; 통역하다 03 본문; 글[문서]; 문자메시지를 보내다 04 치우다; 없애다, 제거하다 05 질투하는, 시기하는 06 줄이다[축소하다]; 낮추다 07 즉시, 즉각 08 진실된, 진심 어린 09 사과, 사죄 10 실수, 오류 11 나중에, 후에 12 곧장, 똑바로 13 기간; (역사적으로 구분된) 시대 14 거절[거부]하다 15 환불(금); 환불하다 16 (~보다) ~을 더 좋아하다[선호하다] 17 지급, 지불 18 요즘에 19 늘어나다; (잡아당겨) 늘이다; (팔·다리를) 뻗다 20 제한; 한계(선); 제한[한정]하다 21 긍정적인, 좋은 22 필터, 여과 장치; 여과하다 23 끝, 가장자리, 모서리; (칼 등의) 날 24 펌프; (펌프로) 퍼내다 25 잘라내다; (공급을) 중단하다[끊다] 26 tax 27 evil 28 delighted 29 wealthy 30 responsibility 31 valuable 32 credit 33 public 34 absence 35 formal 36 backward 37 instant 38 recent 39 receipt 40 method 41 material 42 rubber 43 negative 44 effect 45 climate 46 faucet 47 chain 48 satellite 49 cable 50 be, familiar, with

DAY 26

01 치다, 부딪치다; 파업 02 (조직·기구의) 부서 (부처/학과) 03 (사회적·정치적) 운동, 캠페인 04 거절[거부]하다 05 (~보다) ~을 더 좋아하다[선호하다] 06 방법, 방식 07 늘어나다; (잡아당겨) 늘이다; (팔·다리를) 뻗다 08 부정적인, 나쁜 09 영향; 결과, 효과 10 필터, 여과 장치; 여과하다 11 사슬, 체인; 연쇄, 연속 12 의미하다, 뜻하다; 못된, 심술궂은 13 스트레스, 압박감; 강조; 강조하다 14 피곤하게[지치게] 하다; (자동차 등의) 타이어 15 주요한, 중대한; 전공; 전공하다 16 퍼즐 (퀴즈); 수수께끼; 어리둥절하게 만들다 17 타격[치기], 스트로크; 뇌졸중 18 물질; 문제[일/사안]; 문제 되다, 중요하다 19 참을성[인내심] 있는; 환자 20 때리다[두드리다]; 이기다; (연달아) 때림; 맥박; 박자, 비트 21 (온도·각도 따위의) 도; 정도; 단계; 학위 22 고지서, 청구서; 지폐; 법안 23 (표면이) 거친, 고르지 않은; 대강의; 힘든 24 (뾰족한) 끝; 팁, 봉사료; 조언 25 정장; 맞다, 적합하다; 어울리다 26 itchy 27 graduate 28 skillful 29 thread 30 debt 31 memorize 32 defense 33 formal 34 error 35 directly 36 refund 37 receipt 38 payment 39

nowadays 40 material 41 rubber 42 positive 43 climate 44 faucet 45 satellite 46 cable 47 account 48 company 49 view 50 rate

DAY 27

01 (특히 가족 관계에서) 나이가 더 많은 02 접촉; 연락; 연락하다 03 부유한, 재산이 많은 04 주목[신경을 씀], 알아챔; 통지, 예고; 알아차리다 05 (시간상으로) 다음의; 다음에 나오는 06 제한; 한계(선); 제한[한정]하다 07 끝, 가장자리, 모서리; (칼 등의) 날 08 의미하다, 뜻하다; 못된, 심술궂은 09 주요한, 중대한; 전공; 전공하다 10 퍼즐 (퀴즈); 수수께끼; 어리둥절하게 만들다 11 물질; 문제[일/사안]; 문제 되다, 중요하다 12 (온도·각도 따위의) 도; 정도; 단계; 학위 13 여행; 발을 헛디디다; 걸려 넘어지다 14 (사교적) 모임, 파티; 정당, -당; 단체, 일행 15 눕다; 놓여 있다; 거짓말하다; 거짓말 16 풍습, 관습; (공항·항구의) 세관 (통과소) 17 들어올리다; (수·양 등을) 올리다[높이다]; 키우다[기르다] 18 관찰[관측]하다, 지켜보다; 준수하다 19 주요한, 주된; 우두머리, (조직·집단의) 장(長) 20 (내)던지다; (시선 등을) 보내다; 배역을 정하다[맡기다] 21 꼭 맞다; 어울리다; 적합한, 알맞은; 건강한 22 (총 등을) 쏘다; (스포츠에서) 슛을 하다; (영화·사진을) 촬영하다 23 평지, 평원; 분명한; 소박한, 꾸미지 않은 24 대하다[다루다]; 치료하다, 처치하다; 대접하다, 한턱내다 25 상태; (몸의) 이상, 질환; 환경[상황] 26 majority 27 aid 28 relationship 29 loyal 30 screen 31 twisted 32 emergency 33 totally 34 laughter 35 equipment 36 credit 37 public 38 apology 39 afterward 40 effect 41 chain 42 account 43 company 44 view 45 rate 46 address 47 tap 48 press 49 reason 50 spot

DAY 28

01 동작, 움직임; (조직적인) 운동 02 구조[구출]하다; 구조, 구출 03 곱슬곱슬하다[하게 만들다]; 곱슬머리 04 시작[개시]하다; (상품을) 출시하다 05 기간; (역사적으로 구분된) 시대 06 기후 07 (사교적) 모임, 파티; 정당, -당; 단체, 일행 08 눕다; 놓여 있다; 거짓말하다; 거짓말 09 들어올리다; (수·양 등을) 올리다[높이다]; 키우다[기르다] 10 주요한, 주된; 우두머리, (조직·집단의) 장(長) 11 꼭 맞다; 어울리다; 적합한, 알맞은; 건강한 12 평지, 평원; 분명한; 소박한, 꾸미지 않은 13 대하다[다루다]; 치료하다, 처치하다; 대접하다, 한턱내다 14 판지 15 어디든, 아무데나; 어디에(서)(도) 16 약국(약, 화장품, 잡화, 간단한 음식도 판매) 17 지진 18 유명한, 잘 알려진 19 강조하다; 강조 표시하다; 하이라이트, 가장 중요한 부분 20 가정, 가구; 가정의; 가사의 21 랜드마크, 주요 지형지물 22 인근[가까운 곳]의; 인근[가까운 곳]에 23 철도 선로, 철도 24 ~할 때마다; ~할 때는 언제든지 25 물속의, 수중(용)의; 물속에(서) 26 emotion 27 suggest 28 passion 29 lay 30 amaze 31 emergency 32 genius 33 sincere 34 address 35 tap 36 press 37 reason 38 spot 39 cupboard 40 passport 41 good-looking 42 homemade 43 lifelong 44 newborn 45 sightseeing 46 greenhouse 47 swimsuit 48 firewood 49 widespread 50 somewhere

DAY 29

01 (기억·묘사 등이) 생생한; (색 등이) 선명한 02 존경[존중]하다; 존경, 존중 03 줄이다[축소하다]; 낮추다 04 영수증 05 찬장, 벽장 06 여권 07 잘생긴, 예쁜 08 집에서 만든 09 평생 동안의, 일생의 10 갓 태어난 11 관광, 구경 12 땔나무, 장작 13 광범위한, 널리 퍼진 14 어딘가에[에서/로] 15 교통(량) 16 (자전거·자동차의) 페달 17 돈을 걸다; 내기 18 (총기의) 발사; 슛 19 후회하다; 후회 20 고대의, 아주 오래된 21 눈을 깜박이다; 눈을 깜박거림 22 전체의 23 총알 24 다르다 25 ~이내에; ~의 범위 내에 26 description 27 strike 28 ruin 29 valuable 30 backward 31 faucet 32 cardboard 33 earthquake 34 well-known 35 railroad 36 greenhouse 37 swimsuit 38 patience 39 metal 40 sneeze 41 bless 42 cash 43 messy 44 complain 45 ban 46 discussion 47 cliff 48 warn 49 distance 50 advertise

DAY 30

01 웨이브가 있는, 물결 모양의 02 비율, -율; 속도; 요금 03 고지서, 청구서; 지폐; 법안 04 참을성, 인내력 05 재채기하다 06 축복을 빌다 07 지저분한 08 불평하다, 항의하다 09 금지하다 10 논의, 상의 11 절벽 12 경고하다 13 거리 14 광고하다 15 부러워하다; 부러움 16 아주 멋진[아름다운/좋은] 17 부화하다 18 전문가 19 해를 끼치다; 해, 손해 20 운하, 수로 21 법, 법률 22 감옥 23 서류, 문서 24 운 좋게, 다행히 25 믿을 수 없는, 믿기 어려운 26 billion 27 absence 28 method 29 satellite 30 traffic 31 bet 32 shot 33 regret 34 ancient 35 entire 36 bullet 37 differ 38 grammar 39 proverb 40 optimist 41 strict 42 crime 43 needle 44 evidence 45 hire 46 string 47 illegal 48 counter 49 swallow 50 painful

Vocabulary LIVE는

초·중등 영어 학습자들을 위한 7단계 어휘 교재로, 총 4,500여 개의 기본 어휘가 수록되어 있습니다.

Basic

초1~초4

30일 420개 표제어 /
총 840개 표제어

Intermediate

초4~예비중

30일 592개 표제어 /
총 1,184개 표제어

Advanced
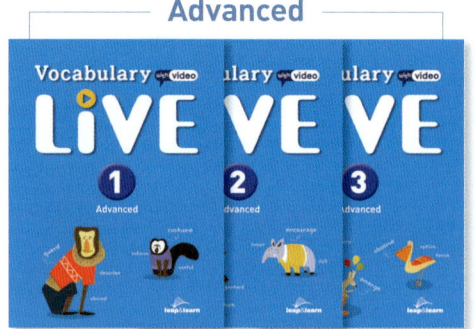

중1~중2 / 중2~중3 / 중3~예비고

30일 708개 표제어 (1~2권) /
40일 908개 표제어 (3권) / 총 2,324개 표제어

Vocabulary LIVE의 특장점

1 어휘 암기의 효과를 높이는 학습 동영상 제공

2 무료 온라인 어휘 암기용 프로그램 제공

3 선생님들을 위한 편리한 온라인 어휘 테스트 메이커 제공(홈페이지)

4 개별 어휘를 의미 단위로 연결시켜 통째로 암기하는 덩어리 표현 수록

5 일일 테스트와 누적 테스트를 통한 체계적인 반복 학습

Downloadable Resources www.leapnlearn.co.kr

Vocabulary LIVE 2 Advanced

WORKBOOK